KB217374

매일매일
밀愛하듯
묵상하기

초판 1쇄 발행 2021년 9월 1일

지은이 손주영
펴낸이 이기봉
편집 좋은땅 편집팀
펴낸곳 도서출판 좋은땅
주소 서울 마포구 성지길 25 보광빌딩 2층
전화 02)374-8616~7
팩스 02)374-8614
이메일 gworldbook@naver.com
홈페이지 www.g-world.co.kr

ISBN 979-11-388-0143-0 (03230)

글 · 손주영

나를 사랑하는 자들이
나의 사랑을 입으며
나를 간절히 찾는 자가
나를 만날 것이니라

잠언 8:17

좋은땅

| 저자의 말 |

책 출간을 준비하며…

일반인이 책을 낸다는 것은 참으로 일반적이지 않은 일이다. 책을 낼 만한 원고인지, 책을 만들려는 정확한 의도는 무엇인지 생각해 보고 생각해 보고 또 생각해 보았다. 블로그를 하면서 많은 사람의 글을 보며 느낀 사실은 나의 글솜씨가 특별하거나 우월하진 않다는 것이다. 오히려 겸손해진다. 워낙 진솔하고 위트 있는 분들이 많다. 또한, 신앙적으로 깊으신 분들도 많다. 그래서 나의 묵상을 책으로 만든다는 것이 부끄럽기도 하고 망설여졌다.

그럼에도 책을 출간하기로 결심하게 된 계기는 먼저 아버지의 기쁨을 보았기 때문이다. 몇 해 전 첫 작품 〈Overfolw〉라는 소책자를 만들었다. 그때 아버지가 많이 기뻐하셨다. 감격에 울먹이며 전화하셨던 아버지의 칭찬에 마치 큰 효도라도 한 듯했다. 그런 아버지가 다시 한 번 묵상집을 낼 것을 제안하셨고 후원도 해 주셨다. 올해 팔순을 맞이하는 아버지께 좋은 선물이 되면 좋겠다.

두 번째 동기는 블로그 이웃의, 어머니의 기념 책을 보게 되었는데 어머니의 글을 엮으며 자녀들이 어머니의 신앙을 잘 이어받는 믿음의 유산이 참 좋아 보였다. 인터넷상 혹은 한글파일에 있는 글들을 모아

하나의 책으로 엮어 놓으면, 때가 되면 이 책도 믿음의 유산이 되지 않을까 하는 기대가 되기 때문이다.

마지막으로 묵상을 고민하며 방향을 잡고 싶은 분들에게 부족하지만 샘플링이 되었으면 하는 바람도 있다.

출간을 결정하고부터는 출판사를 정하는 문제부터 시작하여 또 다른 고민과 선택의 과정들이 줄줄이 이어진다. 그러나 마냥 힘들고 어렵기만 한 것은 아니다. 평범한 평신도이면서 이제 오십을 바라보는 아줌마가 새로운 꿈을 향해 나아갈 수 있는 기적을 맛보기 때문이다.

책의 흥행은 중요하지 않다.

아버지의 팔순을 기념하여 출간할 수 있음과 믿음의 유산을 남길 수 있음과 받은 은혜를 흘려보내는 새로운 통로를 여는 것으로 이미 의미가 충분하다. 주변의 도움을 많이 받고 있다. 감사한 인연들이다. 함께함으로 선택하고 만들어 가게 된다. 이 모든 과정이 하나님의 영광이 되는 과정이 되길 기도하며 기대하게 된다…….

| 목차 |

III 매일매일 밀애하듯 묵상하기 / 이하 매밀묵으로 표기

IV 묵상시

V 부록(부모님의 글)

묵상을 제대로 배우지 않고 묵상을 하다 보니,
하나님을 묵상하기보단 나를 묵상하는 오류를 범하며 피상적이고
메마른 묵상을 하기 일쑤였다. 묵상의 묘미를 잘 알지 못했었다.
나는 수영로교회 제자훈련을 통해 좋은 묵상의 틀을 배웠다.
하나님을 발견하며 하나님의 성품을 알아야 진정한 나를 발견하며
회개에 이를 수 있음을, 본문 안에서 십자가의 사랑을 발견하고
예수님을 만나야 변화할 수 있음을 깨닫게 되었다.
묵상의 틀은 바른 묵상을 이끄는 데 좋은 훈련의 도구라 확신한다.

I

묵상 입문

말씀묵상(QT) 1

1. **본문**: 요 13:1~11

2. **제목**: 다 알면서 하는 사랑

3. **내용요약**

: 유월절 전, 어느 저녁, 예수님께서 때가 이른 줄 아시고 저녁 잡수시던 자리에서 일어나 겉옷을 벗고 수건을 허리에 두르시고 제자들의 발을 닦기 시작하신다. 베드로는 처음에는 거부하나 예수님의 말씀을 듣고 발뿐 아니라 손과 머리도 씻겨 주시라 한다. 그러나 예수님은 "목욕은 필요 없다." 하시며 "다 깨끗하지는 않다." 하신다. 자신을 팔자가 누구인지 아심에도 불구하고 예수님은 똑같이 모두의 발을 씻기신다.

4. **본문에 나타난 하나님은 어떤 분입니까?**

● **때를 아시는 하나님**

: 1절 "때가 이른 줄 아시고~", "때", "In his time".

때를 아시는 주님은 그때를 준비하셨다. 침착하게 하나하나, 마지막까지 자신의 사역(제자훈련)에 충실하셨다.

나는 이 time을 잘 몰라서 실수하는 경우가 많이 있는데 예수님은 결코 서두르거나 미루지 않는다. 항상 적절한 때를 따라 행하신다.

● **모든 것을 아시는 하나님**

: 마귀가 가룟 유다의 마음에 자신(예수)을 팔려는 생각(2절)을 넣은

것도 아시고, 아버지께서 모든 것을 자기 손에 맡긴 것과 하나님께로 다시 돌아갈 것(3절)도 아시고 자기를 팔자가 누구인지(11절)도 다 알고 계셨다. 또한, 베드로와 제자들의 배신도~~ 그런데 어떻게 감정의 변화가 없으실까?

원망도 없다. 아버지 품으로 돌아갈 것에 대한 들뜸도 없고 고난에 대한 억울함도 없다. 그저 원수 같은 유다에게도 배신할 베드로에게도 똑같이 발을 씻기신다. 끝까지 제자들을 향한 사랑을 놓지 않는다. 난 조금만 서운한 마음이 들어도 못 참고 입을 다물지 못하고 원망 불평을 터뜨리고 마는데~~~ 주님은 어떻게 그리하실까?

● 끝까지 사랑하시는 하나님

: 한 명, 한 명, 배신할 당신 제자들의 발을 씻기시는 주님. 다 알지만, 사랑의 마음을 놓지 않으신 주님. 어떤 마음이셨을까? 정말 밉지 않았을까? 아니면 씻기시면서 "얘야, 제발 마음을 돌이키렴." 하고 기도하셨을까? 내가 아는 주님은 긍휼의 마음이셨을 것이다. 지금도 그 긍휼의 마음으로 내 발을 씻기러 수건을 두르실 테지…….

주님, 제 발은 어떻습니까? 저도 제자들처럼 주님을 힘들게 하지는 않나요? 그렇다면 깨닫게 하시고 주님께 무릎 꿇게 해 주세요. 저는 주님의 마음을 아프게 하고 싶지 않습니다. 제 발을 씻기시는 주님의 마음이 아픔이 아닌 기쁨이길 원합니다.

제자들의 발을 씻기시는 데서 끝난 게 아니라 디베랴 바닷가까지 찾아가신 예수님.

끝없는 사랑, 놓지 않는 사랑 그것이 은혜임을 깨닫습니다.

5. 말씀을 통해 발견된 나의 모습은?

● **때를 기다리는 나**

: 많은 사역 양을 언제, 어떻게 정리해야 할지~~~

때를 아시고 아름답게 마무리하신 주님의 모습이 저에게는 너무나도 좋은 '본'이 되어 주십니다. 저도 예수님처럼 잘 준비하여 적절한 때에 사랑의 마음을 담아, 잘 마무리하고 흘려보내게 되길 소망합니다. 그때를 아는 자 되게 하옵소서.

● **부끄러운 발을 내밀고 있는 나, 그 모든 것을 다 아시는 주님…**

: "저 잘하고 있나요?" (칭찬 듣고 싶다!!)

비록 더러운 발이지만 내밀며 기다립니다. 수건을 두르시고 저에게 다가오시는 주님이 너무도 좋습니다. 발이 좀 더럽지만, 그래도 내밀게요. 저와 교제해 주세요.

● **주님의 사랑이 필요한 나**

: 저에겐 다 품을 사랑이 없습니다. 그런 저에게 지금도 사랑의 마음으로 찾아오시는 주님을 만납니다. 그 사랑의 충만함으로 저도 제 사랑방 식구들을, 같은 동역자들을, 제가 소속된 공동체와 가족들에게 잘 흘러갈 수 있게 넘치는 사랑을 부어 주세요. 아직은 사랑이 고픕니다!!!

6. 나를 변화시키시는 삶의 은혜와 교훈은?

● 끝까지……

: 나는 곧잘 지친다. 그래서 처음 마음을 끝까지 잘 이어 가지 못할 때가 많다. 오늘의 말씀 가운데 이 '끝까지'라는 단어, 책임감일지는 모르지만… 오늘은 '끝까지'라는 단어 안에 숨어 있는 '사랑'을 본다. 주님의 그 큰 사랑이 나를 덮으셔서 나도 끝까지 사랑으로 책임을 다하고 싶다. 배신할 줄 알면서도, 팔아넘길 줄 알면서도, 도망갈 줄 알면서도 발을 씻기신, '다 알면서 하신 사랑'. 그 사랑을 따라가려면 아주 많은 시간이 필요하겠지만, 예수님을 바라보고 따르다 보면 흉내라도 낼 수 있지 않을까? 나에게도 그 사랑 베풀어 주신 걸 생각하니 힘이 나고 가슴이 벅차오른다.

예수님의 '다 알면서 하는 사랑'

십자가를 지셨을 뿐 아니라 배신한 제자들을 다시 찾아가시는 '끝까지의 사랑'

도전하기 이전에 그 사랑에 먼저 푹 잠기는 한 주를 보내길 소망해 본다.

7. 적용기도

사랑의 근본이신 하나님,

눈물을 품고 발을 씻기시며 끝까지 사랑으로 격려하시는 주님 감사합니다.

주님!! 제 모습은 어떻습니까? 조금만 힘들어도 도망가 버리고 외면하는 저에게 다가오셔서 "다 안다." 하시며 발을 씻어 주시는 주님. 주님의 그 사랑을 본문을 통해 만납니다. 어리석게 행동했던 모습들을 회개하오니 주님의 사랑으로 덮어 주시옵소서.

힘들더라도 끝까지 사랑으로 감당한 주님처럼 주님이 주신 사명 잘 감당하고 때에 맞게 아름답게 마무리하는 제자 되게 하옵소서. 예수님처럼 세상의 아픔을 뛰어넘고 '끝까지'의 사랑으로 사명을 감당하며 하늘의 영광을 향해 소망으로 살아내는 제자가 되게 하옵소서. 다 알면서도 품어 주신 주님의 사랑을 새기며 저도 그 사랑을 실천하는 제자가 되게 하옵소서. 오늘도 그 사랑에 잠기어 주님의 마음을 헤아려 봅니다.

저로서는 다 알 수 없는 그 사랑, 그런 저를 다 아시고 품어 주시는 그 사랑에 감격하며 오늘도 주님의 뒤를 따라가 봅니다. 하루하루, 조금씩 조금씩 닮아 가게 하옵소서.

사랑이신 예수님의 이름으로 기도드립니다. 아멘!!

말씀묵상(QT) 2

1. **본문:** 삼상 24:1~7

2. **제목:** 기회를 가장한 Test

3. **내용 요약**

: 사울을 피해 엔게디 광야의 한 동굴에 숨어 있는 다윗과 그 일행. 그곳에 사울이 뒤를 보러 들어온다. 다윗에겐 어찌 보면 사울을 해할 좋은 기회였다.

그러나 다윗은 겉옷 자락만 베어 낸다. 그 겉옷 자락을 벤 것만으로도 마음에 찔려 하나님께 회개한다.

4. **본문에 나타난 하나님은 어떤 분입니까?**

● **Test의 왕, 하나님**

: 니느웨에 가야 하는 요나에게 다시스의 배를 만나게 하신 하나님이 생각난다.

나의 약점을 너무도 잘 아시는 주님께서 불시에 나의 약점을 Test하듯이, 다윗에게 사울을 떡하니 내주신다.

누가 봐도 기회, 기회인 것 같은 Test.

역시 다윗은 하나님의 영이 충만했던 것 같다. 겉옷 자락일 뿐인데 하나님 앞에, 하나님의 주권 앞에 회개하는 모습이 인상적이다. 철저히 하나님 위주의 삶이었던 것 같다.

● **주권자 되시는 하나님**

: 사울은 하나님께 버림받긴 했지만 40년이 넘게 왕위를 이어 갔다. 아니 버림받았다고 하기가 무색할 정도이다. 하나님은 어쩜 사울이 회개하기를 40년이 넘게 기다리셨는지도 모른다. 끝이 나지 않은 '왕'이었기에 다윗은 왕위의 주권 되시는 하나님을 앞서가지 않았다. 다윗은 기름 부음을 받았지만, 왕이 되는 시기를 주권자 되시는 주님께 온전히 맡기고 주님이 기름 부으신 '사울 왕'을 함부로 해하지 않았다.

하나님의 주권에 온전히 순종해야 함을 다윗을 통해 배우게 된다. 하나님의 주권에 온전히 순종하신 또 한 분, 이 세상에 오심부터 십자가에서 부활하시기까지 한 번도 자신을 주장하지 않으셨던 그분, 하나님과의 동일함을 내려놓으시고 순종하신 그분, 온갖 멸시 천대 가운데도 하나님의 권위에 순복한 그분을 기억하지 않을 수가 없다.

● **분별의 기준이 되시는 하나님**

: 너무나 좋은 기회, 충직한 그의 사람들은 다윗 왕에게 속삭인다.

"지금이 기회입니다. 주님이 주신 것입니다." 그러나 하나님의 말씀이 떨어지지 않는 것은 기회가 아님을 깨닫게 됩니다. 상황이 아니라 주위의 사람들의 말이 아니라 오직 하나님의 말씀으로만 기회와 Test를 분별해야 함을 깨닫게 하십니다.

5. 말씀을 통해 발견된 나의 모습은?

● **'옳다구나'의 신앙**

: 그랬던 것 같다. 분별력이 바로 서지 못해서, "이건 기회야!!" 했던

적이 많았던 것 같다. 말씀의 부재로, 때론 나의 욕망으로….

본문을 묵상하며 기회를 가장한 test가 얼마나 절묘하게 찾아오는지 알게 된다.

성령의 지혜를 구합니다. 바른 분별력을 주옵소서.

● 권위에 불순종했던 모습…

: 예전엔 목사님들이나 선생님들이 모두 나보다 나이도 많고 경험도 많았는데, 요즘은 그렇지 않다 보니 은연중에 무시까지는 아니지만 존경하는 마음이 적었던 것 같다. 그건 하나님의 권위에 불복종이라는 깨달음이 든다. 하나님이 주신 목사님, 선생님, 또는 리더를 존중하며 순종할 것을 다짐하게 된다.

6. 나를 변화시키는 삶의 은혜와 교훈은?

하나님께 기도하며 하나님의 말씀을 구하기보다 사람들을 의지하며 사람들의 말에 귀 기울였던 나의 모습과는 다르게 하나님 앞에 정직하고 진실 되게 반응한 다윗의 행동을 보며 깊이 생각하게 된다.

그(다윗)와 나의 차이,

하나님 중심이었던 다윗과 나 중심이었던 나,

분별력의 차이가 거기서 난다. 사는 것과 죽는 것이 거기서 판결이 난다.

기회와 Test,

하나님의 주권(말씀)에 의지하여야 함을 깨닫게 된다. 예수님 역시 사탄의 시험을 말씀으로 통과하셨음을~~ 말씀의 분별이 서려면 먼저 말씀으로 충만해야 함을, 성령으로 충만해야 함을 절실히 깨닫게 된다. 꾸준한 말씀 묵상과 '코람 데오'의 마음으로 말씀과 성령의 충만함이 유지되길 구하게 된다.

7. 적용 기도

만물을 주관하시는 주님, 모든 주권이 주님께 있음을 고백합니다. 그럼에도 불구하고 우리에게 선택의 기회를 주시고 자유를 주시는 주님. 주님의 주권을 함부로 해석하여 어리석게 나의 욕망으로 결정했던 모든 행동과 주님의 권위에 도전했던 불순종의 마음을 회개합니다. 그렇게 행동했던 저의 모습을 말씀을 통해 발견하게 됩니다. 이제 이후로는 옳고 그름을 짧은 제 생각으로 판단하여 함부로 행동하는 것이 아니라, 주님께 묻고 말씀으로 인도받는 하나님 중심의 삶을 살아가게 하옵소서. 작고 사소한 일이라도 주님께 물으며 나아가는, 주님이 주인 된 삶이 되게 하옵소서. 다윗처럼 모든 걸 주님의 주권에 맡기고 조그마한 잘못도 주님 앞에 회개하며 나아가게 하시고 혹여나 Test에 넘어지더라도 다시금 돌이킬 기회를 주시며 사랑으로 일으켜 주옵소서. 연약한 이 죄인을 긍휼히 여기시고 기회와 Test를 잘 분별하도록 성령 충만케 하옵소서. 나의 주관자 되시고 나를 사랑으로 이끌어 주시는 예수님의 이름으로 기도드립니다. 아멘!!

말씀묵상(QT) 3

1. **본문**: 고전 10:23~33

2. **제목**: Good Choice

3. **내용 요약**

: 우리에겐 선택할 자유가 있다. 모든 것의 가함. 그러나 주님은 그 선택이 하나님의 자녀 됨의 선택이길 원하신다. 덕을 세우고, 양심을 위하며 주님의 영광을 위하는, 또한 많은 사람의 유익을 구하며 구원에 이르게 하는 선택이길 원하신다.

4. **본문에 나타난 하나님은 어떤 분입니까?**

● **모든 것을 주신 하나님**

: 태초부터 하나님은 우리에게 모든 것을 다스릴 수 있게 하셨다. "창 1:28, 하나님이 그들에게 복을 주시며~~~ 모든 생물을 다스리라 하시니라" 그러나 모든 것이 유익하지 않음은 '선악과 사건'을 통해서부터 알려 주신다. 모든 것을 주시고 모든 것을 선택하게 자유를 주셨지만, 하나님은 우리가 바른 선택(덕을 세우고, 유익하길 또한 하나님의 마음으로 선택)을 하길 원하신다. 자유함마저 다스릴 수 있길 바라셨을까? 그 자유를 바르게 누리고 있나?

● **양심을 주신 하나님**

: 고전 10:25, 27, 28, 양심을 위하여~~~

그런데 이 양심은 나의 것이 아닌 듯하다. 나만이 아니라 남을 위하여도 주셨다. 아니 남을 위한 양심처럼 느껴진다. '왜 내 자유가 남의 양심으로 판단을 받을까? (29절)'

양심은 영의 바른 상태를 말하는 것 같다. 내 속에 하나님의 영이 바로 서 있다면 남에게 해를 끼칠 리가 없다. 결국, 하나님의 영의 마음으로 행하라는 (선택하라는) 이야기 같다. 나의 양심이든 남의 양심이든 억울할 것도 없다.

● 영광 받으시기에 합당한 하나님(영광 받으시기 원하시는 하나님)

: "고전 10:31, 그런즉 너희가 먹든지 마시든지 무엇을 하든지 다 하나님의 영광을 위하여 하라"

소요리 문답 제1문: 인간의 최고의 목적은 하나님을 영화롭게 하고 영원토록 하나님을 즐거워하는 것 // 십계명 세 번째: 너는 네 하나님 여호와의 이름을 망령되게 부르지 말라.

하나님의 영광을 위해 사는 건 피조물의 당연한 의무인지도~~ 하나님의 영광을 위해 살지 않는 삶은 어쩌면 세 번째 계명을 어기게 되는 건 아닐까? 우리 삶의 선택이 하나님께 영광이 될 수도, 하나님의 이름을 망령되게 할 수도 있다는 걸 알게 된다.

● 많은 사람을 구원하시고자 하시는 하나님

: "고전 10:33, ~~ 많은 사람의 유익을 구하여 그들로 구원을 받게 하라"

하나님의 본심이다. 우리의 선택이 나의 유익이 아닌 많은 사람의 유

익이 되어 구원의 길로 인도되길 바라시는 하나님의 마음이다. 예수님의 최고의 선택, '십자가'는 최고의 샘플이 된다. 참 크리스천으로, 복음으로, 성령님이 내 삶을 주장하게 하는 삶, 그런 선택! 많은 사람을 옳은 데로 돌아올 수 있게 하는 선택!

Good Choice!!!

5. 말씀을 통해 발견된 나의 모습은?

● **나 중심의 초점**

: 제자훈련을 하며, 묵상을 이어 가며, 계속 나의 초점을 보게 하신다. 나에게 집중했던 모습들을 계속 보게 하신다. 주님을 위해 살겠다고 했지만, 나의 유익을 빼고 살지는 않았던 것 같다. 내게 유익이 되고 주님을 위한 일, 일석이조의 삶을 살았던 것 같다. 지금도 역시 '내'가 우선임을 부인할 수가 없다. 이러한 말씀을 만나게 하신 하나님의 마음을 생각해 본다. 제자의 길로 들어선 나에게 바른 선택(Good Choice)이 무엇인지 가르쳐 주고 싶으신 걸까? 하나님 앞에 머물러 본다.

● **하나님의 영광을 위해**

: 막연히 하나님의 영광을 위해 살고 싶다고 생각했다. 또한, 하나님의 기쁨이 되고 싶다고 생각했다. 오늘 본문을 보며 하나님의 영광을 위하는 것은 하나님의 기쁨이 된다는 것은 구원과 관련 있음을 깨닫게 된다. 예수님의 가장 훌륭한 선택 '십자가'가 하나님께 가장 큰 기쁨이었음을 기억한다. 좋은 선택으로 구원을 이룰 수 있다는 것! 얼마나 멋

진 일인가? 그런 선택을 하기 위해선 하나님께 민감해야겠지?? 하나님 앞에 늘 깨어 있기를 구해 본다.

6. 나를 변화시키는 삶의 은혜와 교훈은?

하나님의 영광을 위해 살라는 말씀은 내게 주시는 미션 같다. 하나님의 영광을 위해 살라고 부모님은 그 뜻을 담아 내게 '主榮'이라는 이름을 지어 주셨다. 이제야 그 뜻이 무엇인지 어렴풋이 깨닫게 된다.

하나님의 마음 '생명 구원', 그러기 위한 가장 기초적인 선택. Good Choice!

그러나 항상 선택은 어려운 것 같다. 유익하게 한다는 것, 덕을 세운다는 것…. 그것 역시 나의 힘으로 할 수 없음을 고백한다. 그저 성령님이 함께하시길, 항상 깨어 있기를 구한다.

7. 적용 기도

할렐루야!! 영광 받으시기에 합당하신 주님,

오늘도 귀한 말씀으로 깨닫게 하시니 감사합니다. 내 마음대로 결정하고 나의 유익대로 결정하면서 주님께도 유익일 거라 생각했던 교만을 내려놓게 하옵소서. 오직 주님의 영광을 위하여 선택할 수 있는 바른 양심을 주시고 하나님의 마음이 담긴 영혼 구원을 위해 Good Choice로 하나님이 기뻐하시는 삶을 살아 내는 주님의 제자 되게 하옵소서. 나에게 집중되었던 초점을 거두고 하나님께 시선을 옮겨 좀 더 유익하고 덕을 세우는 제자 되게 하옵소서. 늘 결단하나 연약하여 넘어지는 저를 불쌍히 여기시고 성령으로 인도해 주시며 바른 선택 가운

데 기쁨으로 실천하며 살아가는 멋진 제자 되게 하옵소서. 최고의 선택으로 구원을 베풀어 주신 나의 구주 예수 그리스도의 이름으로 기도드립니다. 아멘!

말씀묵상(QT) 4

1. **본문**: 엡 3:14~21

2. **제목**: 맛봄의 갈망

3. **내용 요약**

: 바울의 기도!!

하나님의 풍성함을 맛본 바울은 우리 모두 그 충만의 세계를 맛보길 중보한다. 그의 지식으로도 다 표현할 수 없었던 그리스도 사랑의 그 너비와 길이와 높이와 깊이….

중보하며 축복하는 바울의 사랑도 함께 엿보게 된다.

4. 본문에 나타난 하나님은 어떤 분입니까?

● **풍성(충만)하신 하나님(16절, 19절)**

: 단어의 의미를 가늠하기 어려운 단어들로 구성된 기도이다. 그 영광의 풍성함이라~~ 하나님의 풍성함, 충만을 잠시 묵상해 본다. 무한의 공급, 끝없는 베풂, 다 쓸 수 없는 남음, 일부분으로도 충분한……. 그런 느낌일까? 바울은 얼마나 맛보았을까? (그의 풍성함, 그리스도의 사랑~~) 너비, 길이, 높이, 깊이 모든 측량의 기준을 동원하여 표현하고픈 크신 하나님! 얼마나 알고 맛보았길래 기도에서 설렘까지 느껴질까? 너무 궁금하다 풍성하신 하나님, 충만이신 하나님!

● **우리 가운데 역사하시는 하나님(17절, 20절)**

: 역시 임마누엘의 하나님이시다. 우리와 함께하길 즐기시는 하나님, 우리와 함께하시고 싶어서 이 땅까지 찾아오신 하나님, 그 하나님을 마음 가운데 모시어 뿌리가 박히고 터가 굳어져 하나님의 지성소가 되기를 구합니다. 그러므로 맛보게 될 그분과의 세계, 어떤 즐거움일까??

● **overflow의 하나님(18절, 20절)**

: 넘침(overflow)~~~ 충만의 또 다른 표현 같다. 지식에 넘치는 그리스도의 사랑(18절), '십자가'의 사랑.

십자가 앞으로 갈 때마다 다른 사랑을 맛본다. 덮어 주는 사랑, 함께 울어 주는 사랑, 희생의 사랑……. 나의 형편과 처지에 맞게 그 사랑을 보여 주신다. 그 사랑으로 충전하여 다시 나도 사랑에 도전한다.

또한, 우리가 구하거나 생각하는 모든 것에 더 넘치도록 하실 이(20절). 약간 세속적이긴 하나 넘침은 부족보다 좋은 느낌이다. 창조주 하나님이신데 무엇이 부족할꼬~~ 완전 든든하다.

나의 overflow 하나님!!!

5. 말씀을 통해 발견된 나의 모습은?

● **하나님을 잘 알지 못했던 나?? 하나님께 무심했던 나!!**

: 그렇다. 하나님은 풍성하시고 충만하신 하나님이시다. 창조주 하나님이신 그분은 못할 것이 없으신 분이신데 그분을 의지하며 구하기에 소홀했다. 하나님을 무시하진 않았으나 하나님을 의지하지 않았고 다 베풀어 주실 하나님에 대해 깊이 생각하지 않았다. 그래서 구하지 않

았다. 무심했다. 어리석었다. ㅠㅠ

그분의 충만을 맛보며 누릴 내일을 기대한다.

● 나의 뿌리는 어디에???

: '뿌리가 박히고 터가 굳어져야 할 터'는 좋은 곳이어야 한다. 그곳은 다름 아닌 그리스도의 사랑, '십자가 위'여야 한다. 내 마음에 그 십자가가 자리 잡지 않으면 부실한 나무가 될 수밖에 없다. 그 터가 잘 굳어져야 그 사랑의 너비, 길이, 높이, 깊이를 경험할 수 있다. 내 안의 십자가를 들여다본다. 어느새 밀려난 십자가를 마음의 중심으로 다시 자리 잡아 본다. 그 사랑 알고 싶다. 맛보고 싶다. 바울의 기도가 오늘 내게 이루어지길 바라본다.

6. 나를 변화시키는 삶의 은혜와 교훈은?

역시 맛본 자는 가만히 있을 수 없다.

전한다.

권한다.

그리고 구한다.

그 풍성함, 그 사랑, 그의 깊은 마음.

복음 전함이 이런 것이 아닐까?

나의 무심함과 어리석음이 여실히 드러난다.

전하지 못함, 권하지 못함, 구하지 못함.

우선 풍성하시고 충만하신 그분을 넘치도록 맛보고 싶다.

그 사랑에 깊이 침잠하고 싶다.

그리고 전하고 싶다. 권하고 싶다. 구하고 싶다…….

7. 적용 기도

하나님!!

바울이 구하는 그 기도, 저에게도 이루어지게 하옵소서. 그가 구하며 느낀 그 설렘마저 제게 이루어지게 하옵소서. 저도 설렘으로, 간절함으로, 사랑으로, 하나님의 사랑을 알리며 전하고 싶습니다. 넘치는 그 사랑을 경험하며, 맛보며, 다른 이들을 위해 축복해 주는 중보자가 되고 싶습니다. 가만히 있을 수 없는 그 감격으로 살고 싶습니다. 복음을 품은 자로서 하나님의 넘치는 능력을 덧입어 복음의 맛을 전하는 자가 되게 하옵소서. 그 풍성함의 자리에 모두가 모여 영원토록 하나님을 찬양하게 하옵소서.

맛본 자가 누리는 축복,

맛본 자가 구하는 축복,

맛본 자가 전하는 축복,

하나님께서 베푸시고자 하시는 그 풍성함의 비밀이 우리의 삶에 충만케 하옵소서. 예수님의 이름으로 기도드립니다. 아멘!!

말씀묵상(QT) 5

1. **본문**: 대상 20:1~8

2. **제목**: 달라짐

3. **내용 요약**

: 달라졌다!!!

골리앗 앞에서 꼼짝도 못하던 오합지졸 이스라엘 군대였는데 승리에 승리를 이루고 있다. 만군의, 여호와의 이름으로 담대히 나아가는 이스라엘 군대가 되었다.

그런데 달라졌다….

항상 여호와께 묻던 다윗이, 자신이 있어야 할 자리에서 벗어나 있으며 승리의 영광도 본인이 취하고 있다….

4. **본문에 나타난 하나님은 어떤 분입니까?**

● **함께 하시는 하나님**

: 하나님은 다윗에게 약속하셨듯이 함께하신다.

"네가 어디를 가든지 내가 너와 함께 있어 네 모든 대적을 네 앞에서 멸하였은즉~~(대상 17:8)"

임마누엘로 오신 주님!

항상 함께 있겠다고 약속하신 주님이 지금도 나와 함께 계심을 고백합니다. 그런데 고백과는 다른 삶을 살아가고 있습니다. 함께하시는

하나님을 자꾸 놓칩니다. 내 생각이 앞서니 하나님의 생각을 놓칩니다. 언제쯤 함께 하시는 하나님의 생각을 앞세우는 달라진 삶을 살 수 있을까?

● 승리케 하시는 하나님

: 대적을 멸하시고 이름을 존귀케 하시는 하나님.

역대기의 저자는 의도적으로 대적들의 강함을 묘사한다. 그러나 달라진 이스라엘 군대는 만군의 여호와 하나님을 온전히 의지하며 전투에 임한다. 더 이상 주눅 든 이스라엘의 모습이 보이지 않는다. 이길 수 없는 존재를 이기게 하시는 하나님, 전쟁의 승리, 전쟁의 주인이신 하나님을 발견하게 한다.

그런데 아직 난 달라지지 않았나 보다. 삶에서 승리케 하실 하나님을 발견하지 못하니 주눅이 든다. 문제가 더 꼬이는 듯하다. 하나님을 온전히 의지하지 못하고 있음을~~~ 묵상을 하다 보니 깨닫게 된다.

● 달라지지 않는, 여전한 하나님

: 달라졌다. 이스라엘 군대가!

달라졌다. 다윗이…….

그러나 달라지지 않는 여전한 하나님, 변함없이 약속을 이행하고 계신 하나님, 그래서 힘이 납니다. 나의 연약함에도 변함없는 약속으로 이끄실 신실하신 주님을 찬양합니다.

5. 말씀을 통해 발견된 나의 모습은?

● **좋은 달라짐**

: 제자훈련 이전과 이후 가장 달라진 점은, 말씀을 놓치지 않으려 정말 최선을 다하고 있다.

● **나쁜 달라짐**

: 특히 사역에 있어서 즐거움이 조금씩 사라지고 있다. 나의 초점에 문제가 있는 건지 체력에 문제가 있는 건지 아니면 욕심 때문인지~~ 하나님 앞에서 면밀히 살펴봐야 할 듯하다.

'달라짐'이란 단어 앞에 진도 나가기가 어렵다. 아직 나 자신에게도 드러내고 싶지 않은 달라짐들이 있다. 좋은 달라짐만 생각하려니 교만이 올라오고 나쁜 달라짐을 생각하자니 본능적으로 거부감이 든다. 늘 좋게 달라질 순 없겠지만, 여하튼 나쁜 달라짐을 직시하는 작업이 즐겁지 않은 것은 사실이다. 아직도 나는 하나님 앞에서 아담과 하와처럼 곧 말라 버릴 나뭇잎을 두른다.

6. 나를 변화시키는 삶의 은혜와 교훈은?

이스라엘 군대의 달라짐에는 안정감이 있다.

함께하시는 하나님을 온전히 신뢰하는 싸움에는 불안감이 없다.

자신감 충전, 거대한 자들도 두렵지 않다.

다윗의 달라짐은 뭔가 모르게 불안정하다.

불안한 기운이 맴돈다. 그런데 왜 달라졌을까?

나는 피할 수 있을까?
하나님 안에 거하지 않는다면 나도 별수 없겠지?
두 달라짐 앞에 많은 생각이 교차된다.

7. 적용 기도

영원불변의 하나님!

이스라엘의 멋진 달라짐에 신이 나지만 다윗의 낯선 달라짐에 마음이 무겁습니다. 그렇게 하나님 앞에 머물렀던 다윗이 그리 변하는데 저는 얼마나 더 쉽게 무너질까요? 그러나 그러한 달라짐에도 다윗에게 약속했던 승리를 신실하게 이행하시는 언약의 하나님을 만나게 되어 소망이 생깁니다. 나의 나 된 것으론 아무것도 자랑할 수 없음을 알게 됩니다. 늘 좋게 달라지고 싶다면 욕심일까요? 완벽 하고 싶은 욕심도 사실 있습니다. 어쩜 교만인지도 모를 이 욕심도 주님 앞에 내어놓고 주님과 동행함에 집중하게 하옵소서. 전쟁의 승리도 주님 손에 올리고 변덕이 죽 끓는 마음도 주님 손에 올려놓게 하옵소서. 하나님을 향한 시선만큼은 달라지지 않는 삶 되게 하옵소서. 예수님의 이름으로 기도드립니다. 아멘!!

말씀묵상(QT) 6

1. **본문**: 대상 21:18~30

2. **제목**: 오르난의 (나의) 타작마당으로

3. **내용 요약**

: 다윗의 범죄로 재앙이 내려진다.

하나님의 진노가 멈춰 선 오르난의 타작마당!!

하나님은 그곳에 제단을 쌓으라고 명하신다. 다윗은 그 명령에 순종하며 상당한 값을 치르고 제단을 쌓는다. 제단을 쌓으므로 재앙이 멈춰진 땅은 예배의 땅으로 변화되고 후에 성전부지가 된다.

4. 본문에 나타난 하나님은 어떤 분입니까?

● **오르난의 타작마당으로 초대하시는 하나님**

: 다윗에게 제단 쌓기를 명하시며 화해의 초대를 하고 계신다. 하나님과 함께 동행함을 즐거워했던 다윗이었지만 오르난의 타작마당으로 초대하시는 하나님을 뵈러 가는 다윗의 마음은 어땠을까? 아담처럼 하와처럼 숨고 싶지 않았을까? 오르난처럼 아들들과 숨고 싶지 않았을까? 나도 하나님께서 화해의 초대를 하며 부르실 때 선뜻 하나님 앞으로 나가 엎드릴 수 있을까?? 쉽지 않겠지만 그래야 사는 길임을 말씀을 통해 깨닫는다. 십자가 앞이 그런 곳임을 깨닫는다.

● **공의의 하나님**

: 사랑의 하나님인 동시에 공의의 하나님!

화해의 제단에 재물이 필요하다. 다윗은 오르난에게서 상당한 값을 치르며 제단을 준비한다. 상당한 값, 그것은 어쩌면 자신의 목숨값이었는지도 모른다. 그 제단으로 향하는 다윗은 죽음을 각오하고 갔을 것이다. 자신이 죽더라도 백성을 살리고자 하는 마음으로 향했을 것이다. 하나님도 사랑하는 인류를 위해 화해의 제단을 준비한다. 우리의 죄악을 해결하려 선택한 상당한 값, 아들의 목숨. 다윗은 오르난의 타작마당으로, 예수님은 골고다로 값을 치르러 간다.

● **역전의 하나님**

: 화해의 제사를 드린 땅은 재앙이 멈추고 생명의 땅, 거룩한 땅으로 변화된다. 역전의 하나님은 부정을 거룩으로 덮어 내신다. 저주의 장소가 축복의 통로가 된다. 그곳을 역전의 장소로 사용하신다. 죽음이 멈춰 서고 생명이 되살아나는 새 창조의 공간으로 사용하신다. 오늘도 나의 죄를 덮어내고 새롭게 창조하실 오르난의 타작마당으로 이끄시는 주님을 만난다.

5. 말씀을 통해 발견된 나의 모습은?

● **부르시는 하나님께 반응하고자 노력하는 나**

: 때론 말씀이 무겁게 다가와 예배 자리에 앉아 있는 것이 불편할 때도 있다. 비가 오는 새벽에 혼자 예배의 자리에 가야 할 땐 갈등도 많이 생긴다. (아직도 새벽예배는 어렵다….)

그런데 뭔지 모를 이끄심으로 간다. 말씀을 기대하며 간다. 부르시는 하나님의 뜻이 궁금하여 간다. 침묵하셔도 은혜 아래 머물게 하시는 하나님의 부르심이 감사하다. 오늘도 허락하신 타작마당…. 감사합니다.

● **상당한 값??**

나는 과연 무엇을 드리고 있나?

어떤 맘으로 어떤 값을 드리나?

하나님은 그것을 어떻게 받으실까?

잘 모르겠다….

알게 하시는 대로 순종하며 드려야겠다. 나의 타작마당에서~~

6. 나를 변화시키는 삶의 은혜와 교훈은?

묵상하며 나에게도 역전의 장소가 있으면 좋겠다고 생각했는데…, 하나님이 나에게 허락하신 곳은 '여기(블로그/묵상의 공간)'인 거 같다. 하나님께 집중하며 하나님의 뜻을 구하는 이곳이, 이 시간이, 하나님께서 허락한 나의 타작마당이 아닐까? 이곳에서 더 순전한 맘으로 주님을 만나며 주님 음성 들으며 더 나아가 생명의 향기가 흘러 나가게 되면 좋겠다. 이곳이 역전을 일으키는 공간으로 사용되면 좋겠다.

7. 적용 기도

사랑과 공의의 하나님.

저주의 공간을 사랑으로 덮어 내시려 우리를 타작마당으로 초대하

시는 주님을 만납니다. 죄악 된 생활을 돌아보게 하시고 회개케 인도하시며 새 생명으로 다시 기회를 허락하시는 주님을 찬양합니다. 허락된 타작마당에서 진실 된 회개와 참 화해가 이루어지게 하시고 삶의 역전을 경험케 하옵소서. 치러야 할 값이 있다면 기꺼이 드리게 하시며 두려워도 하나님 앞에 서 있는 것이 사는 길임을 알고 늘 하나님 앞에 설 수 있도록 이끄시옵소서. 날 사랑하시는 하나님의 사랑을 신뢰하며 부르실 때 반응하며 나아가게 하옵소서. 끝까지 놓지 않는 하나님의 손을 붙잡는 은혜가 있게 하옵소서. 그리스도 십자가의 신비가 이루어지는 타작마당에서 예배 성공하게 하옵소서. 예수님의 이름으로 기도드립니다. 아멘!!

말씀 묵상(QT) sample

<table>
<tr><td>본문</td><td>대상 21:18~30</td><td>제목</td><td>오르난의 (나의) 타작마당으로</td></tr>
<tr><td>내용요약</td><td colspan="3">다윗의 범죄로 재앙이 내려진다.
하나님의 진노가 멈춰 선 오르난의 타작마당!!
하나님은 그곳에 제단을 쌓으라고 명하신다. 다윗은 그 명령에 순종하며 상당한 값을 치르고 제단을 쌓는다. 제단을 쌓으므로 재앙이 멈춰진 땅은 예배의 땅으로 변화되고 후에 성전부지가 된다.</td></tr>
<tr><td>본문에 나타난 하나님은 어떤 분입니까?</td><td colspan="3">◎ 오르난의 타작마당으로 초대하시는 하나님
: 다윗에게 제단 쌓기를 명하시며 화해의 초대를 하고 계신다. 하나님과 함께 동행함을 즐거워했던 다윗이었지만 오르난의 타작마당으로 초대하시는 하나님을 뵈러 가는 다윗의 마음은 어땠을까? 아담처럼 하와처럼 숨고 싶지 않았을까? 오르난처럼 아들들과 숨고 싶지 않았을까? 나도 하나님께서 화해의 초대를 하며 부르실 때 선뜻 하나님 앞으로 나가 엎드릴 수 있을까?? 쉽지 않겠지만 그래야 사는 길임을 말씀을 통해 깨닫는다. 십자가 앞이 그런 곳임을 깨닫는다.

◎ 공의의 하나님
: 사랑의 하나님인 동시에 공의의 하나님!
화해의 제단에 재물이 필요하다. 다윗은 오르난에게서 상당한 값을 치르며 제단을 준비한다. 상당한 값, 그것은 어쩌면 자신의 목숨값이었는지도 모른다. 그 제단으로 향하는 다윗은 죽음을 각오하고 갔을 것이다. 자신이 죽더라도 백성을 살리고자 하는 마음으로 향했을 것이다. 하나님도 사랑하는 인류를 위해 화해의 제단을 준비한다. 우리의 죄악을 해결하려 선택한 상당한 값, 아들의 목숨. 다윗은 오르난의 타작마당으로, 예수님은 골고다로 값을 치르러 간다.

◎ 역전의 하나님
: 화해의 제사를 드린 땅은 재앙이 멈추고 생명의 땅, 거룩한 땅으로 변화된다. 역전의 하나님은 부정을 거룩으로 덮어 내신다. 저주의 장소가 축복의 통로가 된다. 그곳을 역전의 장소로 사용하신다. 죽음이 멈춰 서고 생명이 되살아나는 새 창조의 공간으로 사용하신다. 오늘도 나의 죄를 덮어내고 새롭게 창조하실 오르난의 타작마당으로 이끄시는 주님을 만난다.</td></tr>
</table>

말씀을 통해 발견된 나의 모습은?	**◎ 부르시는 하나님께 반응하고자 노력하는 나** : 때론 말씀이 무겁게 다가와 예배자리에 앉아 있는 것이 불편할 때도 있다. 비가 오는 새벽에 혼자 예배의 자리에 가야 할 땐 갈등도 많이 생긴다. (아직도 새벽예배는 어렵다….) 그런데 뭔가 모를 이끄심으로 간다. 말씀을 기대하며 간다. 부르시는 하나님의 뜻이 궁금하여 간다. 침묵하셔도 은혜 아래 머물게 하시는 하나님의 부르심이 감사하다. 오늘도 허락하신 타작마당…. 감사합니다. **◎ 상당한 값??** 나는 과연 무엇을 드리고 있나? 어떤 맘으로 어떤 값을 드리나? 하나님은 그것을 어떻게 받으실까? 잘 모르겠다…. 알게 하시는 대로 순종하며 드려야겠다. 나의 타작마당에서~~
나를 변화시키는 삶의 은혜와 교훈은?	묵상하며 나에게도 역전의 장소가 있으면 좋겠다고 생각했는데~~ 하나님이 나에게 허락한 곳은~~ '여기 (블로그)'인 거 같다. 하나님께 집중하며 하나님의 뜻을 구하는 이곳이, 이 시간이, 하나님께서 허락한 나의 타작마당이 아닐까? 이곳에서 더 순전한 맘으로 주님을 만나며 주님 음성 들으며 더 나아가 생명의 향기가 흘러 나가게 되면 좋겠다. 이곳이 역전을 일으키는 공간으로 사용되면 좋겠다.
적용기도	사랑과 공의의 하나님, 저주의 공간을 사랑으로 덮어 내시려 우리를 타작마당으로 초대하시는 주님을 만납니다. 죄악 된 생활을 돌아보게 하시고 회개케 인도하시며 새 생명으로 다시 기회를 허락하시는 주님을 찬양합니다. 허락된 타작마당에서 진실 된 회개와 참 화해가 이루어지게 하시고 삶의 역전을 경험케 하옵소서. 치러야 할 값이 있다면 기꺼이 드리게 하시며 두려워도 하나님 앞에 서 있는 것이 사는 길임을 알고 늘 하나님 앞에 설 수 있도록 이끄시옵소서. 날 사랑하시는 하나님의 사랑을 신뢰하며 부르실 때 반응하며 나아가게 하옵소서. 끝까지 놓지 않는 하나님의 손을 붙잡는 은혜가 있게 하옵소서. 그리스도 십자가의 신비가 이루어지는 타작마당에서 예배 성공하게 하옵소서. 예수님의 이름으로 기도드립니다. 아멘!!

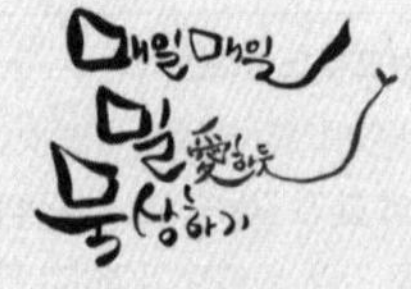

묵상의 틀이 익숙해지면 말씀 속으로의 여행이 시작된다.
말씀 안의 하나님을 만나고 예수님을 만나며,
영화 속 주인공과 공감하듯 말씀과의 공감하기가 시작된다.
그곳에서의 만남은 특별하다.
사랑의 속삭임을 듣게 되고 내 마음에 사랑이 깃든다.
미숙한 사랑이 성숙한 사랑으로~~
묵상이 자라 감을 느낀다.

II

묵상 에세이

1. 密談

왕상 3:5~15

3. 솔로몬이 여호와를 사랑하고 그의 아버지 다윗의 법도를 행하였으나 산당에서 제사하며 분향하더라 4. 이에 왕이 제사하러 기브온으로 가니 거기는 산당이 큼이라 솔로몬이 그 제단에 일천 번제를 드렸더니 5. 기브온에서 밤에 여호와께서 솔로몬의 꿈에 나타나시니라 하나님이 이르시되 내가 네게 무엇을 줄꼬 너는 구하라 6. 솔로몬이 이르되 주의 종 내 아버지 다윗이 성실과 공의와 정직한 마음으로 주와 함께 주 앞에서 행하므로 주께서 그에게 큰 은혜를 베푸셨고 주께서 또 그를 위하여 이 큰 은혜를 항상 주사 오늘과 같이 그의 자리에 앉을 아들을 그에게 주셨나이다 7. 나의 하나님 여호와여 주께서 종으로 종의 아버지 다윗을 대신하여 왕이 되게 하셨사오나 종은 작은 아이라 출입할 줄을 알지 못하고 8. 주께서 택하신 백성 가운데 있나이다 그들은 큰 백성이라 수효가 많아서 셀 수도 없고 기록할 수도 없사오니 9. 누가 주의 이 많은 백성을 재판할 수 있사오리이까 듣는 마음을 종에게 주사 주의 백성을 재판하여 선악을 분별하게 하옵소서 10. 솔로몬이 이것을 구하매 그 말씀이 주의 마음에 든지라 11. 이에 하나님이 그에게 이르시되 네가 이것을 구하도다 자기를 위하여 장수하기를 구하지 아니하며 부도 구하지 아니하며 자기 원수의 생명을 멸하기도 구하지 아니하고 오직 송사를 듣고 분별하는 지혜를 구하였으니 12. 내가 네 말대로 하여 네게 지혜롭고 총명한 마음을 주노니 네 앞에도 너와 같은 자가 없었거니와 네 뒤에

도 너와 같은 자가 일어남이 없으리라 13. 내가 또 네가 구하지 아니한 부귀와 영광도 네게 주노니 네 평생에 왕들 중에 너와 같은 자가 없을 것이라 14. 네가 만일 네 아버지 다윗이 행함 같이 내 길로 행하며 내 법도와 명령을 지키면 내가 또 네 날을 길게 하리라 15. 솔로몬이 깨어 보니 꿈이더라 이에 예루살렘에 이르러 여호와의 언약궤 앞에 서서 번제와 감사의 제물을 드리고 모든 신하들을 위하여 잔치하였더라

솔로몬의 일천번제 예배.

그가 나눈 하나님과의 밀담을 들여다본다.

솔로몬은 지혜자 이면서 사랑꾼이 아닐까…….

아가서에서 술람미 여인과 진한 사랑을 나누는 솔로몬은 오늘 하나님과 먼저 사랑을 나눕니다. 하나님을 향한 사랑의 마음을 일천 마리의 제물을 드림으로 표현합니다. 이에 감동한 하나님은 솔로몬을 찾아오십니다. 그와 사랑의 밀담을 나누기 위해 오십니다. 꿈에서라도 나타나 만나고픈 (하나님의) 사랑의 못 이김을 봅니다.

온몸과 마음으로 드리는 예배.

영과 진리의 예배는 어쩌면 하나님과의 밀담의 시간인지도 모릅니다. 찾아오고 싶은 예배, 오지 않고는 배길 수 없는 예배. 잠근 동산, 덮은 우물, 봉한 샘, 골방, 밀실로 찾아옵니다. 나를 소유하고 싶으신 그분의 거룩한 욕심을 만납니다. 나를 그리 소중히 여기시는 그분의 짜

릿한 사랑을 만납니다. 나의 모습을 정결케 하고, 더 순전하고 순결하게 마음을 가꾸며, 나를 찾아오실 그분을 기다리게 됩니다.

별 이야기가 아니더라도 괜찮을 것 같습니다.

축복이 아니어도 괜찮을 것 같습니다.

미천한 자를 바라보시고 찾아오심이 황홀할 것 같습니다.

그 황홀한 경험을 솔로몬은 지금 하고 있습니다. 솔로몬의 깨끗한 마음에 하나님은 사랑의 속삭임을 합니다.

"내가 네게 무엇을 줄꼬~~~~"

모든 걸 다 주고 싶으신 마음을 그 한마디에 담습니다. 순전한 마음의 그는 하나님의 소원을 압니다. 그는 하나님과의 계속 적인 밀담을 구합니다. 하나님께 하나님의 마음을 들을 수 있는 '듣는 마음'을 구합니다.

솔로몬을 바라보자니….

나는…….

하나님의 마음을 너무 모르고 있음을 깨닫게 됩니다. 하나님과 만나 교제한다고 좋아했는데 알고 보니 나를 위한 하나님의 모습만 그려가고 하나님의 마음은 제대로 보지 못했음을… 깨닫게 됩니다. 하나님과 사랑하기보단 나의 소원을 아뢰며 좋은 것을 주시는 좋으신 아버지 정도로만 생각했습니다. 그런데 하나님은 나를 그렇게(부모 자녀의 관계로만) 만나고 싶은 게 아니라, 나를 신부 삼기(더 깊은 교제) 원하십니다.

그분의 그 깊은 마음을 알지 못해서,
그분의 절절한 사랑을 알지 못해서,
그분을 제대로 사랑할 줄 몰라서,
말씀 속의 깊은 의미를 잘 바라보지 못했습니다.

너무 몰랐습니다.
너무 둔했습니다.

하나님의 말씀의 의미를 너무 모른다는 사실에, 아직도 말씀을 읽으며 하나님을 제대로 만나고 있지 못한다는 사실에 가슴이 아파 옵니다.

사랑하는 사람은 서로의 소원을 압니다.
사랑하는 사람은 그 말속에 담긴 의미를 압니다.
사랑하는 사람은 그 거짓 없는 마음을 헤아립니다.
하나님의 마음을 헤아릴 줄 아는 솔로몬의 아름다운 마음에, 지혜와 부귀영화, 주의 손에 있는 모든 귀한 복들을 맘껏 부어 주십니다. 사랑으로 부어 주십니다.

저는 하나님을 더 깊이 알고 싶습니다.
그리고 사랑하고 싶습니다.
아가서에 나오는 그 진한 사랑을 하나님과 나누고 싶습니다. 하나님과의 intimacy 사랑으로, 말씀 속 하나님의 속삭임을 아는 자가 되고 싶습니다. 내 멋대로 해석하고 내 멋대로 행하는 자가 아니라, 하나님의 마음을 알고 하나님의 마음으로 행하는 자가 되고 싶습니다. 하나님의 참사랑으로 살아가는 자가 되고 싶습니다.

묵상으로의 부르심은 하나님의, 사랑의 초대였습니다. 더 깊은 곳, 하나님의 동산으로 초대하시며 내미시는 손을 바라봅니다. 설렘으로 그 손을 잡아 봅니다.

솔로몬의 최고의 복은 그 하나님을 경험한 것이었을 것입니다. 하나님과 밀담 나누는 사이, 그 복을 제가 감히 탐해 봅니다.

사리사욕이 아닌 하나님의 소원을 위해,

그 사랑으로 확장해 나갈 하나님의 나라를 위해,

지금도 속삭임으로, 그 사랑을 보이고픈 하나님의 마음을 위해.

2. 아들의 사랑

요 19:25~27

25. 예수의 십자가 곁에는 그 어머니와 이모와 글로바의 아내 마리아와 막달라 마리아가 섰는지라 26. 예수께서 자기의 어머니와 사랑하시는 제자가 곁에 서 있는 것을 보시고 자기 어머니께 말씀하시되 여자여 보소서 아들이니이다 하시고 27. 또 그 제자에게 이르시되 보라 네 어머니라 하신대 그 때부터 그 제자가 자기 집에 모시니라

"여자여 보소서 아들이니이다."

사랑이 완성되어 가는 십자가의 현장입니다.

가슴이 미어지는 사랑의 현장입니다.

아들이 죽어 가는 모습을 바라보지만, 아무것도 할 수 없는 안타까운 현장입니다.

하나님도, 마리아도 그저 아들의 죽음 앞에 심장이 타들어 갑니다.

십자가에서 예수님은 하나님과 마리아에게, 영의 아버지와 육의 어머니에게, 신성과 인성을 아우르는 사랑을 하고 있습니다.

우리에 대한 사랑을 완성할 뿐 아니라 자녀 된 도리의 사랑도 완성하고 있습니다.

완전한 사랑이요, 충만한 사랑입니다.

마리아….

자녀가 죽는 모습을 바라봐야 하는 어미의 심정은 어땠을까???

어린 소녀에게 찾아온 하나님의 버거운 사랑.

배 속에서부터 느꼈을 아기의 신성.

이 아이의 운명을 마리아는 예상하였을까? 아니면 제자들처럼 세상적인 메시아로 생각했을까?

예수의 열두 살.

성전에서 율법학자들과 이야기를 나누는 예수를 마리아는 마음에 담아 두었습니다. 아마 예수를 기르면서 다른 아이들과 다른 무언가를 느꼈을 것입니다.

남다른 사랑, 긍휼, 맑은 눈, 따스한 손길.

잘은 몰랐겠지만, 내 아들이면서 하나님의 아들인 아들 예수가 걷는 길이 사는 내내 궁금했을 것이고 기대가 됐을 것입니다.

그런데….

지금 그 아들이 십자가에 달려 있습니다.

벌거벗긴 채,

앙상한 모습에 채찍에 맞아 찢힌, 피 묻은 아들.

과연 그가 '하나님의 아들이 맞는가?' 의심되진 않았을까?

하늘을 향해,

"하나님 왜 이러십니까?" 하고 외치진 않았을까?

"당신의 아들이 죽어 갑니다. 제발, 제발 살려 주시면 안 됩니까??"

눈물범벅, 혼란의 마음으로 아들 앞에 서 있는 어머니 마리아를 예수님은 마지막까지 온 힘 다해 사랑합니다. 이 땅으로 보내신 아버지 하나님께, 자신의 모든 것을 바쳐 사랑하고 있습니다. 육신의 어미를 애제자에게 부탁합니다. 그리고 이 땅으로 보낼 때부터 이미 아파했던 아버지 하나님께 이제 마지막 자신의 영혼을 부탁합니다.

그러고 보면 예수님은 멀리 있는 추상적인 사랑이 아니라 항상 가까이에서 구체적으로 우리에게 사랑의 모습을 보여 주셨습니다. 죄인을 용서하며 친구 삼고, 병든 자에게 영과 육을 위로하고 고쳐 주셨으며, 떡을 떼며 참된 양식을 공급하시고, 죽음으로 생명을 대신하는 사랑을 가르쳐 주셨습니다. 온 인류를 위한 사랑을 실천하며 가까이 있는 어미를 향한 사랑도 놓치지 않습니다.

"여자여 보소서 아들이니이다."

참사랑의 현장에 부모를 향한 아들의 사랑이 있습니다.

언제쯤 그(십자가의) 사랑을 다 알아볼 수 있을까요??

많은 사랑이 그(십자가) 속에 있음을 알게 됩니다.

마리아의 마음과 하나님의 마음, 그리고 아들(신성과 인성을 가진)의 마음을 바라보자니 가슴이 아려 옵니다. 숭고하고 완전한 그 사랑에 전율이 입니다.

"하나님이 세상을 이처럼 사랑하사 독생자를 주셨으니~~~(요 3:16)"

'이처럼'의 사랑이 점점 진해집니다.

깨달은 만큼 그 사랑을 할 수 있으면 참 좋을 텐데요….

생각하면 할수록 우리가 하는 사랑이 하찮음을 깨닫게 됩니다.

주님.

저의 하찮은 사랑을 용서하소서.

give and take에 익숙한 사랑,

내게 이익이 되지 않으면 하고 싶지 않은 사랑,

희생은커녕 나만 사랑받고 싶은 이기적 사랑,

인정받고 싶은 드러나는 섬김…….

모두 십자가 앞에서 부끄러운 사랑일 뿐입니다.

사랑한다면서 계산을 하는 저의 어리석음을 용서하소서.

아들의 죽어 감을 바라보며 하나님을 온전히 신뢰했을 마리아처럼 온전히 하나님만을 바라보며 신뢰하게 하소서. 아들이 죽어 감을 외면하며 이루어야 했던 '이처럼'의 사랑을 헤아리게 하소서. 죽어 가면서도 어머니를 바라보는 인간 된 도리의 사랑, 자신을 향해 저주하며 조롱하는 죄인들에게 죄를 돌리지 않는 신의 사랑을 배워 가게 하소서.

십자가의 길일지라도 아버지를 향한 사랑으로 순종했던 그 순종을 따르게 하소서. 하나님 사랑과 이웃사랑을 이루신 아들의 위대한 사랑을 붙좇게 하소서.

지금도 그 사랑으로 나를 사랑하시며 용서하시는 하나님,

나를 사랑하사 나를 위하여 죽으신 하나님의 아들 예수님,

그 사랑이 제 마음에 가득 차고 흘러넘치게 하소서.

아들의 사랑(십자가 사랑)으로 살아가게 하소서.

예수님의 이름으로 기도드립니다. 아멘!!

3. 질문과 고백

마 16:13~20

13. 예수께서 빌립보 가이사랴 지방에 이르러 제자들에게 물어 이르시
되 사람들이 인자를 누구라 하느냐 14. 이르되 더러는 세례요한, 더러
는 엘리야, 어떤 이는 예레미야나 선지자 중의 하나라 하나이다 15. 이
르시되 너희는 나를 누구라 하느냐 16. 시몬 베드로가 대답하여 이르되
주는 그리스도시요 살아 계신 하나님의 아들이시니이다 17. 예수께서
대답하여 이르시되 바요나 시몬아 네가 복이 있도다 이를 네게 알게 하
신 이는 혈육이 아니요 하늘에 계신 내 아버지시니라 18. 또 내가 네게
이르노니 너는 베드로라 내가 이 반석 위에 내 교회를 세우리니 음부의
권세가 이기지 못하리라 19. 내가 천국 열쇠를 네게 주리니 네가 땅에
서 무엇이든지 매면 하늘에서도 매일 것이요 네가 땅에서 무엇이든지
풀면 하늘에서도 풀리리라 하시고 20. 이에 제자들에게 경고하사 자기
가 그리스도인 것을 아무에게도 이르지 말라 하시니라

어느 노부부 심방 때의 일이다.

목사님께서, 여쭤보신다.

"두 분, 어떻게 만나셨어요?"

어머님이 말씀하신다.

"아유~~ 목사님 별걸 다 물어보시네요."

능청스럽게 다시 질문하신다.

"저는 그게 제~~~일 궁금합니다. 어떻게 만나셨어요?"

어이없어하지만 두 분의 얼굴 근육이 펴지는 걸 느낄 수 있었다.

옛 생각이 나시나 보다.

미소도 돈다.

연애 시절, 서로에 대해 고백했던 그 추억들, 마음속 깊이 두었던 어언 40년 전 기억을 더듬으신다.

"그때 이 사람 참 예뻤죠. 저도 나름대로 인기가 있었어요. 허허허."

몸이 불편하시다는 아버님의 얼굴도 활짝 피어오른다.

우린 잘 잊는다.

첫사랑, 결혼식하던 날, 첫 아이를 안았을 때의 감격~~

그러다 누군가가 물으면 미소를 지으며 더듬는다.

그날, 그때의 행복했던 시간,

질문을 통해 옛 마음을 다시 느껴 본다.

마음속에 깊이 묻어 두었던 좋은 마음들이 수면 위로, 떠오른다.

예수님께서 제자들에게 질문하신다.

"사람들이 인자를 누구라 하느냐?(13절)"

"더러는 세례요한, 더러는 엘리야, 어떤 이는 예레미야나 선지자 중의 하나라 하나이다(14절)"

"너희는 나를 누구라 하느냐(15절)"

"…."

"….”

순간 베드로는 게네사렛 호숫가가 떠오른다.

첫 만남의 추억.

만선의 배를 바라보며 느꼈던 예수님.

죄인인 나에게 찾아오신 그리스도….

살아 계신 하나님의 아들임을 알아챘던 그날, 그 사건….

자신도 모르게 고백이 터져 나온다.

"주는 그리시도시요 살아 계신 하나님의 아들이시니이다(16절)” 마음속 깊은 곳에 담아 두었던 예수님에 대한 마음이 수면 위로, 떠오른다.

예수님은 알고 계셨다. 베드로가 어떤 말을 할지~~

그러나 질문을 하신다. 질문을 통해 자신의 마음 깊은 곳, 어떤 맘으로 예수님을 따랐는지 확인하게 하신다. 가끔 열심히 따라가다 보면 내가 왜 이 길을 가는지 내가 왜 이 일을 하는지 본질을 잊을 때가 있다. 그때 질문을 통해 내 맘을 점검할 수 있다. 가끔 break를 걸어 내 맘을 확인해야 한다.

예수님의 이 질문은 너무도 중요하다.

베드로, 그 반석 위에 교회를 세워야 한다.

천국 열쇠를 맡겨야 한다.

그냥 믿음직스러운 수제자라는 이유만으론 맡길 수 없다.

단단한 신앙고백, 나(예수)에 대한 본인(베드로) 자신에게서 진실한 고백의 메아리가 필요하다.

그래야 음부의 권세도 거뜬히 물리칠 수 있다.

입술의 고백이 마음속 깊은 곳의 기초를 더 탄탄히 세워 간다.

꽃에 이름을 불러 주었을 때 의미가 되었듯이,

마음속 깊은 곳에 사랑이 있더라도 입술로 고백하지 않으면, 표현하지 않으면, 이 사랑은 생명이 되지 못한다. 이루어질 수 없는 사랑이 될 수도 있다.

이번 주 내내 읊조려 봤다.

"주는 그리스도시요 살아 계신 하나님의 아들이시니이다."

"주는 그리스도시요 살아 계신 하나님의 아들이시니이다."

"주는 그리스도시요 살아 계신 하나님의 아들이시니이다."

가슴이 뛴다.

내가 배우는 예수님,

내가 따르고자 하는 예수님,

내가 전하고자 하는 예수님,

그는 그리스도시다!!

그는 살아 계신 나의 하나님, 그분의 아들이시다.

그는 날 위해 십자가에 달리신 분이다.

아는 것과 입술의 고백은 차이가 있었다.

내 맘을 다시 뜨겁게 하였다.

내 눈을 다시금 적셔 주었다.

요 몇 주 살짝 슬럼프처럼 마음이 가라앉았었다. 큐티 본문을 아무리 봐도 잘 풀리지 않고 이해가 되지 않았다. 여전히 하나님을 사랑하는데 더 이상 발전하지 않는 듯한 모습, 아니 이전보다 더 못하는 것 같은 모습이 느껴져 힘들었다. 그래서 이 본문을 묵상하며 나에게도 여러 질문을 해 보게 되었다.

큐티가 잘 안되면 하나님과 덜 친한가?

사역이 정말 힘들고 많은가?

지금 제일 부딪히는 마음은 무엇이지?

지금 무엇 때문에 힘들지?…

하나씩 하나씩 질문을 하면서 답을 해 보았다. 차분히 생각해 보니 문제 될 것이 별로 없었다. 갈등되는 부분들, 시간이 지나면 다 해결될 일임을 깨닫게 된다. 조급한 내 맘을 정돈하고 조금 더 힘을 빼고, 좀 더 잘하고 싶은 욕심을 내려놓는다면 문제 될 것이 없음을 알게 된다. 그리고, 다행인 것은 그러면서도 이상하게 행복하다. (신앙의) 성장통이라고 생각하니 견딜 만하다.

베드로는 이 질문에 답하며 무슨 생각을 했을까?

자신이 따르는 예수님에 대한 마음을 더 다부지게 잡지 않았을까?

어떤 일이 닥쳤을 때 이 고백을 기억하며 되뇌지 않았을까?

살아 계신 하나님의 아들임을 더 깊이 만나게 되지 않았을까?

입으로 시인하며 자신의 길이 잘못되지 않았음을, 후회 없는 따름임을 확신하지 않았을까?

질문은 정리되지 않았던 마음과 생각들을 정리해 주었다. 내가 가야 할 방향을 다시 정립하게 했으며 흔들리지 않도록 의미를 찾아가게 하였다. 사역에 앞서 나의 신앙을 점검하고 그 일을 해야 하는 하나님의 뜻과 목적을 살피는 과정을, 질문을 통해 하면 좋겠다는 생각이 든다.

한 주간 동안 질문과 고백을 하게 하신 하나님께 감사를 드린다. 질문을, 했기에 고백할 수 있었고, 고백을 통해 답을 발견하게 되었다. 또 슬럼프가 찾아올 것이지만 다시 질문하며, 고백하며 견딜힘을 얻게 되리라~~

4. 가이드는 본질이 아니다

고전 3:1~9

1. 형제들아 내가 신령한 자들을 대함과 같이 너희에게 말할 수 없어서
육신에 속한 자 곧 그리스도 안에서 어린 아이들을 대함과 같이 하노라
2. 내가 너희를 젖으로 먹이고 밥으로 아니하였노니 이는 너희가 감당
하지 못하였음이거니와 지금도 못하리라 3. 너희는 아직도 육신에 속한
자로다 너희 가운데 시기와 분쟁이 있으니 어찌 육신에 속하여 사람을
따라 행함이 아니리요 4. 어떤 이는 말하되 나는 바울에게라 하고 다른
이는 나는 아볼로에게라 하니 너희가 육의 사람이 아니리요 5. 그런즉
아볼로는 무엇이며 바울은 무엇이냐 그들은 주께서 각각 주신 대로 너
희로 하여금 믿게 한 사역자들이니라 6. 나는 심었고 아볼로는 물을 주
었으되 오직 하나님께서 자라나게 하셨나니 7. 그런즉 심는 이나 물 주
는 이는 아무 것도 아니로되 오직 자라게 하시는 이는 하나님뿐이니라
8. 심는 이와 물 주는 이는 한가지이나 각각 자기가 일한 대로 자기의
상을 받으리라 9. 우리는 하나님의 동역자들이요 너희는 하나님의 밭이
요 하나님의 집이니라

여행은 생각만 해도 즐겁다.

아름다운 풍경과 함께, 동행하는 친구들, 거기에 좋은 가이드를 만나면 여행의 풍요로움은 배가 된다.

가이드는 여행지를 맛깔나게 안내한다. 좋은 가이드는 여행객들의 수준과 그 문화에 맞게 설명을 잘한다. 또한, 여행길에서 오류하기 쉬운 것들을 잘 잡아 주며 여행지에서 주의할 사항들을 잘 알려 준다. 좋은 가이드를 만나는 것은 또 다른 행복이 된다. 그러나 아무리 좋은 가이드도 그 여행의 본질은 아니다. 각자의, 여행의 목적과 이유가 있다. 그리고 여행이 끝나면 가이드는 더 이상 필요치 않는다. 가이드로 인해 여행이 알차게 되지만 가이드가 좋다고 여행이 끝났는데 가이드를 쫓아가진 않는다. 가이드는 가이드로서 역할이 끝나면 그만인 것이다. 그의 충실함은 수고에 맞게 대가를 받을 뿐이다.

바울과 아볼로는 고린도 교회에서 좋은 가이드였던 것 같다. 그들은 고린도 교회의 수준에 맞게 안내했다. 밥이 아닌 젖으로 먹였다. 각각은사대로 심었고 물을 주었다. 그런데 고린도 교회는 본질을 놓치고 가이드를 논하고 있다.

바울파! 아볼로파!

바울과 아볼로는 예수님을 푯대로 삼고 하나님의 뜻을 향해 달려가고 있는데 고린도 교회는 예수님이 아닌, 성령님이 아닌, 하나님이 아닌, 사람에게 집중한다. 가이드에게 집중하여 여행의 목적도 잃은 채 아름다운 경치는 바라보지 못하고 어리석은 싸움을 한다.

이런 소식을 들은 바울은 통탄할 수밖에 없다. 목적을 잃은 고린도 교회를 향해 안타까운 마음으로 말한다.

"우리는 하나님의 동역자들이요 너희는 하나님의 밭이요 하나님의

집이니라(고전 3:9)"

우리 믿음의 여정에도 좋은 가이드들이 많다.

목회자, 선생님, 선배님…….

모두 경험과 성령의 인도하심에 따라 말씀대로 우리를 수준에 맞게 잘 안내하고 권면하며 이끌어 주신다. 믿음의 여정을 더 풍성하게 해 준다. 오류도 잡아 주고 더 성장할 수 있게 해 준다. 그러나 언제까지나 그분들에게만 의지할 수는 없다.

사실 인기 있는 목사님들이 있다. 설교를 잘해서 또는 마음이 맞아서, 유머와 재치가 있어서……. 사모함을 넘어 추종에 이르기까지 하는 경우도 간혹 있다. 그분들의 의도와는 상관없이~~ 그러나 우리가 잊지 말아야 할 것은 그분들 역시 가이드라는 것이다. 믿음의 길, 목적을 잃은 채 본질이 아닌 가이드에 사로잡혀 아름다운 복음을 놓치고 그분들의 노력과는 다르게 파(?)가 나뉜다는 건 너무 안타까운 일이다.

제자·사역훈련을 하며 참 좋은 가이드를 만났다.

훈련이었지만 행복했고 힘든 시간도 잘 견뎠고 또 어떻게 믿음의 길을 이어 가야 할지 좋은 팁도 많이 얻었다. 돌이켜 보니 아름다운 여정이었고 의미 있는 시간이었다. 그렇다고 언제까지나 훈련만 하고 가이드에게 의지할 수만은 없음을 깨닫는다. 이제는 예수님을 가이드 삼아 하나님께로 더 가까이 나아가야 하며 나 또한 누군가에게 좋은 가이드가 되어 하나님께로 함께 나아가야 한다. 고린도 교회처럼 사람을 추종하는 어리석은 행동을 해선 안 된다.

원로 목사님파! 담임 목사님파!

이건 너무 웃기지 않나??~~~

그렇게 된다면 두 목사님의 마음이 어떨까??

생각해 보나 마나다.

가이드는 본질이 아니다.

이쯤에서 본질을 확실히 붙든다.

물론 좋은 롤 모델을 따르는 것이 나쁘다는 건 아니다. 그런데 그 모델을 쫓아가다가 진짜 나아가야 할 목적지를 잃는다면 낭패가 아닌가?

사람이 목적이 될 수는 없다.

사람이 목표가 될 수는 없다.

우린 모두 연약한 존재이며 한계가 있는 존재이며 언제든지 오류를 범할 수 있는 죄인이기 때문이다.

우린 가이드, 그 이상일 수 없다.

여행지의 아름다움을 소개할 수는 있으나 내가 없다고 그 여행지의 아름다움이 사라지는 건 아니다.

여행지의 아름다움.

하나님 나라의 아름다움을 바라보며 좋은 가이드에게 감사를, 그러나, 본질을 놓치지 않는 분별력을, 그리고 그 아름다움을 아는 자로서 나 역시 좋은 가이드가 되어야 함을 깨닫게 된다.

본질을 향해 끊임없이 노력하며 그 본질로 가는 길 가운데 좋은 가이드를 만나고 혹은 누군가에게 좋은 가이드가 되어 주며 함께, 행복하게, 신앙의 여행길을 하게 되길 꿈꾼다.

5. 발견

왕하 22:3~13

3. 요시야 왕 열여덟째 해에 왕이 므슐람의 손자 아살리야의 아들 서기
관 사반을 여호와의 성전에 보내며 이르되 4. 너는 대제사장 힐기야에
게 올라가서 백성이 여호와의 성전에 드린 은 곧 문 지킨 자가 수납한
은을 계산하여 5. 여호와의 성전을 맡은 감독자의 손에 넘겨 그들이 여
호와의 성전에 있는 작업자에게 주어 성전에 부서진 것을 수리하게 하
되 6. 곧 목수와 건축자와 미장이에게 주게 하고 또 재목과 다듬은 돌을
사서 그 성전을 수리하게 하라 7. 그러나 그들의 손에 맡긴 은을 회계하
지 말지니 이는 그들이 진실하게 행함이니라 8. 대제사장 힐기야가 서
기관 사반에게 이르되 내가 여호와의 성전에서 율법책을 발견하였노라
하고 힐기야가 그 책을 사반에게 주니 사반이 읽으니라 9. 서기관 사반
이 왕에게 돌아가서 보고하여 이르되 왕의 신복들이 성전에서 찾아낸
돈을 쏟아 여호와의 성전을 맡은 감독자의 손에 맡겼나이다 하고 10.
또 서기관 사반이 왕에게 말하여 이르되 제사장 힐기야가 내게 책을 주
더이다 하고 사반이 왕의 앞에서 읽으매 11. 왕이 율법책의 말을 듣자
곧 그의 옷을 찢으니라 12. 왕이 제사장 힐기야와 사반의 아들 아히감
과 미가야의 아들 악볼과 서기관 사반과 왕의 시종 아사야에게 명령하
여 이르되 13. 너희는 가서 나와 백성과 온 유다를 위하여 이 발견한 책
의 말씀에 대하여 여호와께 물으라 우리 조상들이 이 책의 말씀을 듣지
아니하며 이 책에 우리를 위하여 기록된 모든 것을 행하지 아니하였으
므로 여호와께서 우리에게 내리신 진노가 크도다

묵상하는데 하나님이 잘 찾아지지 않아 답답했습니다.

그러던 중 지인과 통화하며 답답한 속내를 드러냈습니다.

“집사님, 묵상하는데 하나님이 안 보여. 하나님이 숨어 계시네. 어디 가셨을까?”

“하나님은 옆에 계시는데 집사님이 못 보는 건 아니고?”라고 하며 크게 웃습니다. 통화를 끝내고 본문을 들여다보았습니다.

율법책 발견.

발견!!

성전이 부서지고 250년이나 수리가 되지 않았습니다.

어린 왕 요시야가 성인이 됩니다.

그제야 성전에 관심을 둡니다.

맡은 자에게 성전 수리를 맡깁니다.

성전을 수리하다 율법책을 발견합니다.

없던 것이 아니라 원래 있던 것입니다.

관심을 가지고 들여다보니 귀한 율법책을 발견하게 됩니다.

말씀 속에 계신 하나님에게 집중하며 관심을 두고 들여다보니 숨어 계시는 듯한 하나님을 발견하게 됩니다.

인격적인 하나님, 하나님을 찾는 자에게 발견되어집니다.

예수님을 믿으며 우리는 가슴 속에 십자가를 새겼습니다.

그런데 영의 상태를 점검하지 않고 수리하지 않으니 십자가가 점점 저 밑으로 감추어져 갑니다.

십자가는 있는데 발견되지 못하고 있습니다.
아니, 점점 더 깊은 곳으로 숨겨 놓고 있는지도 모릅니다.
성전이 부서져 가고 있는데, 관심이 멀어져 부서진 것도 깨닫지 못합니다.

먼저 부서진 제 마음을 발견합니다.
숨겨졌던 십자가를 발견합니다.
하나님의 임재를 발견합니다.
원래부터 있던 것…. 관심을 두고 찾으니 발견되어집니다.

대제사장 힐기야가 서기관 사반에게 율법 책을 건넵니다.
서기관 사반은 왕 앞에서 율법 책을 읽습니다.
왕은…… 옷을 찢습니다.

말씀이 발견되었습니다.
하나님이 발견되었습니다.
죄가… 발견되었습니다.
통곡하며 회개하며 개혁에 들어갑니다.
죄악 앞에 엎드리고 새롭게 하나님의 통치 아래 들어가 새로운 언약 백성의 삶을 꿈꿉니다.

옆에 계신 하나님을 발견합니다.
버려 뒀던 나의 죄악도 발견합니다.

깊이 들여다보니 묻어 둔 십자가도 보입니다.

생각보다 많이 십자가를 구석으로 몰아넣었음을 알게 됩니다.

하나님!!

찾는 자에게 드러나시는 하나님!!

부르짖는 자에게 응답하시는 하나님!!

매일 매일 하나님 앞에, 십자가 앞에 서지 않아 조금씩 무너져 가는 저의 성전을 발견치 못했습니다. 십자가가 한쪽 구석으로 밀려나고 있는데 깨닫지 못했습니다. 없는 게 아닌데 없는 것처럼 지냈습니다. 죄마저 발견치 못해 회개하지 못하니 옆에 계신 주님을 발견하지 못하는 영적 소경이 됩니다. 성전에 관한 관심이 율법 책을 발견하게 합니다. 말씀이 발견되니 회개가 일어납니다. 새로운 삶을 살 기회가 주어집니다. 내 안의 성전에 늘 관심을 두고 하나님이 들려주시는 말씀이 발견되며 회개 가운데 날마다 새로이 태어나게 해 주세요. 하나님을 알지 못해 무너진 하나님의 택한 성전들을 위해 기도합니다. 전도 축제를 통하여 무지한 그 영혼들이 마음속 하나님을 발견할 수 있도록 초청하여 복음을 전하게 하옵소서. 십자가의 진한 사랑이 발견되어 새로이 수리되는 성전이 되게 하옵소서. 전도의 현장마다, 복음이 선포되는 곳마다, 그런 일들이 일어나도록 성령님 도와주옵소서. 예수님의 이름으로 기도드립니다. 아멘!!

6. His will

마 26:36~45

36. 이에 예수께서 제자들과 함께 겟세마네라 하는 곳에 이르러 제자들
에게 이르시되 내가 저기 가서 기도할 동안에 너희는 여기 앉아 있으라
하시고 37. 베드로와 세베대의 두 아들을 데리고 가실새 고민하고 슬퍼
하사 38. 이에 말씀하시되 내 마음이 매우 고민하여 죽게 되었으니 너
희는 여기 머물러 나와 함께 깨어 있으라 하시고 39. 조금 나아가사 얼
굴을 땅에 대시고 엎드려 기도하여 이르시되 내 아버지여 만일 할 만하
시거든 이 잔을 내게서 지나가게 하옵소서 그러나 나의 원대로 마시옵
고 아버지의 원대로 하옵소서 하시고 40. 제자들에게 오사 그 자는 것
을 보시고 베드로에게 말씀하시되 너희가 나와 함께 한 시간도 이렇게
깨어 있을 수 없더냐 41. 시험에 들지 않게 깨어 기도하라 마음에는 원
이로되 육신이 약하도다 하시고 42. 다시 두 번째 나아가 기도하여 이
르시되 내 아버지여 만일 내가 마시지 않고는 이 잔이 내게서 지나갈 수
없거든 아버지의 원대로 되기를 원하나이다 하시고 43. 다시 오사 보신
즉 그들이 자니 이는 그들의 눈이 피곤함일러라 44. 또 그들을 두시고
나아가 세 번째 같은 말씀으로 기도하신 후 45. 이에 제자들에게 오사
이제는 자고 쉬라 보라 때가 가까이 왔으니 인자가 죄인의 손에 팔리느
니라

"내 아버지여 만일 할 만하시거든 이 잔을 내게서 지나가게 하옵소서. 그러나 나의 원대로 마시옵고 아버지의 원대로 하옵소서(마 26:39)"

다른 때는 웬만하면 한 번에 써 내려갔는데 이번 주는 몇 번을 쓰고 지우고를 반복했는지 모른다. 지금도 그렇다. 본문이 그럴 수밖에 없다. 함부로 결단할 수도, 흉내 낼 수도 없는 내용이다. 십자가의 길을 떠나기에 앞서, 인성과 신성의 갈등이 고조되는 순간이다.

하늘로 올라가고 싶지 않았을까?

모른 척 외면하고 싶지 않았을까?

공생애 전 시험을 퍼팩트하게 통과했지만 이제 마지막 그 사명(십자가) 앞에서 사투를 벌이는 씨름을 한다.

나의 원과 아버지 원의 갈등,

나의 뜻과 아버지의 뜻의 갈등,

인간 예수와 하나님 예수의 갈등,

그러나 나의 원대로 마시옵고 아버지의 원대로 하옵소서.

나를 포기하는 것으로 마무리된다.

큐티가 어려울 때가 있다.

큐티가 지금 나의 삶과 약간 동떨어져 있을 땐 오히려 나이스하게 잘할 수 있다. 그런데 나의 실전 삶과 연관이 있을 땐 사정이 다르다. 큐티를 하다 덮기도 한다. 생각을 멈추기도 한다. 말씀을 외면해 보기도 한다.

아버지의 뜻, 그분의 뜻을 아주 모르는 것도 아니다.

차라리 모르면 괜찮다. 그러나 알면서 하기 싫은 것들이 있다. 그럴 때 맘이 어렵다. 보통 힘들다고 하지만 힘든 것이 아니라 싫은 것이다. 내 의지를 꺾기가 죽기보다 싫은 것이다. 답을 알지만 다른 답을 찾고 싶은 것이다. 나의 뜻이 그분의 뜻이 되길 기도하게 된다.

그러나 예수님은 달랐다.

그분의 뜻에 자신의 뜻을 맞추는 기도를 하셨다.

아버지의 뜻,

아버지의 마음,

아버지의 사랑,

아버지의 소원,

"내 아버지여~~~ 나의 원대로 마시옵고 아버지의 원대로 하옵소서(마 26:39)" 그렇게 예수님은 십자가의 길을 택하신다.

그분의 뜻대로,

그분의 마음과 사랑을 품고,

그분의 소원을 이루어 드린다.

하나님의 기쁨이 되고 싶다는 소원의 기도를 많이 드렸었다. 그런데 그분의 뜻과 나의 뜻이 충돌할 때면 항상 주저하는 모습을 많이 발견하게 된다.

"마태복음 26장 39절!!"

잊을 수 없는 구절이다.

마을 목자 제안을 거절할 수 없게 만든 구절이다.

처음 이 구절(말씀)을 받고 성경을 찾아 읽는 순간 눈물이 핑 돌았던 기억이 난다. 아무 말도 할 수 없게 만들었다. 묵상조차 할 수 없었던 구절이었다. 이 구절은 나의 뜻을 꺾어야 함을 알게 해 주는 구절이었고, 나의 뜻보다 그분의 뜻에 집중해야 함을 알게 해 주는 구절이었다.

앞으로도 많은 결정을 해 나가야 한다.

정말 중요한 결정들이 많을 것이다.

정말 십자가의 길처럼 어려운 길이 나타날지도 모른다.

그럴 때마다 떠올리게 될 구절이고 본문이다.

그분의 뜻에 나의 뜻을 맞추는 기도를 하게 해 줄 것이다.

큐티하기 싫은 순간이 오더라도 말씀을 외면하지 않고 직면하며 모난 부분을 깨뜨려 나가게 할 것이다.

그분의 의지가 담긴 말씀을 따라 살아가는 과정이 쉽지는 않겠지만 조금씩, 조금씩, 더 많이 순종해 나가게 될 것이다.

그렇게 예수님을 닮아 가길…. 성령님께 도움을 구합니다…….

7. 막음도 여심도 하나님의 뜻

행 16:6~15

6. 성령이 아시아에서 말씀을 전하지 못하게 하시거늘 그들이 브루기아
와 갈라디아 땅으로 다녀가 7. 무시아 앞에 이르러 비두니아로 가고자
애쓰되 예수의 영이 허락하지 아니하시는지라 8. 무시아를 지나 드로아
로 내려갔는데 9. 밤에 환상이 바울에게 보이니 마게도냐 사람 하나가
서서 그에게 청하여 이르되 마게도냐로 건너와서 우리를 도우라 하거
늘 10. 바울이 그 환상을 보았을 때 우리가 곧 마게도냐로 떠나기를 힘
쓰니 이는 하나님이 저 사람들에게 복음을 전하라고 우리를 부르신 줄
로 인정함이러라 11. 우리가 드로아에서 배로 떠나 사모드라게로 직행
하여 이튿날 네압볼리로 가고 12. 거기서 빌립보에 이르니 이는 마게
도냐 지방의 첫 성이요 또 로마의 식민지라 이 성에서 수일을 유하다가
13. 안식일에 우리가 기도할 곳이 있을까 하여 문 밖 강가에 나가 거기
앉아서 모인 여자들에게 말하는데 14. 두아디라 시에 있는 자색 옷감
장사로서 하나님을 섬기는 루디아라 하는 한 여자가 말을 듣고 있을 때
주께서 그 마음을 열어 바울의 말을 따르게 하신지라 15. 그와 그 집이
다 세례를 받고 우리에게 청하여 이르되 만일 나를 주 믿는 자로 알거든
내 집에 들어와 유하라 하고 강권하여 머물게 하니라

바울의 신나는 전도 여행에 길이 막힌다.

아시아에 말씀을 전하지 못하게 하신다(6절).

예수의 영이 허락하지 않으신다(7절).

복음을 전한다는데 허락지 않으신다.

이상하다.

복음을 전한다는데~~~

밤에 환상을 보여 주신다.

마게도냐 사람의 환상(9절).

그제야 감이 온다.

다른 뜻이 있구나!!

하나님의 계획하심!!

그리하여 마게도냐로 떠나기를 힘쓴다(10절).

하나님의 계획하심은 때론 내 생각과 다른 경우가 많다.

하나님께서는 가끔 내게 강한 감(feel)을 주신다. 그런 감이 올 때는 기도하며 온전히 맡긴다.

한 번은 이상한 경험을 한 적이 있다. 예전 교회에서의 일이다. 교회 이전 건에 관한 제직회의 중이었다. 원래 나는 제직회의를 잘 참석하지 않는다. 어렸을 때 제직회의하며 큰 다툼하는 장면을 목격한 적이 있어서 그 뒤론 그런 회의 땐 몰래 빠져나가곤 했다. 그런데 그날은 이상하게 나를 그 자리에 머물게 하셨다. 두 의견이 대립했다. 가까이 있는 교회를 인수하자는 건과 조금 떨어진 곳이지만 새로 짓자는 의견….

갑자기 내가 손을 번쩍 들었다. 그리고 앞에 나가 발언을 하게 되었다. 윙~~ 거리는 소리와 발언을 하는 그 공간이 우주 공간같이 느껴지며 붕 뜬 것만 같은 느낌을 느꼈다. 발언 후 자리에 돌아와 앉고는 거의 쓰러지듯 엎드러졌다. 극도의 긴장감과 함께 어지럼이 한동안 가게 되었다. 숨 쉬는 것도 어려웠다. 그날 나의 발언이 회의상황을 종료시켰고 의견을 모으는 데 큰 작용을 하게 되었다. 그날 다른 분들은 싸울 각오를 하고 회의를 진행했었다고 했다. 그런데 그 발언으로 인해 의외로 쉽게 회의를 종결시켰다고 했다. 그때 나는 어지럼 중에 이런 기도를 드렸다.

"하나님 저의 발언이 하나님의 뜻이길 바랍니다. 괜히 나선 것이 아니길 바랍니다……."

정말 간절히 기도했다. 잘못된 것이 아니길~~~

하나님께선 그 교회를 위해 이편도 저편도 아닌 나를 급히 사용하신 듯하다.

또 다른 경험은 남편이 외국(파견근무)에 나가게 되었을 때이다. 하나님께선 외국에 나가는 것에 대한 내 마음을 막으셨다. 사실 남편도 외국에 나가지 않기를 바랐었다. 너무나도 강하게 외국에 나가는 마음을 주지 않으셔서 가지 않는 게 맞다고 생각됐기 때문이다. 결국, 남편은 혼자 외국에 가게 되었고 나와 아이들은 한국에 남게 되었다.

지금도 그 결정은 틀리지 않은 것 같다. 하나님은 그 기간 동안 나를 많이 훈련 시키셨다.

성령님의 이끄심을 가장 잘 느낄 때는 찬양을 인도할 때이다. 선곡

부터 부어 주시는 영감, 멘트, 기도. 정말 마음껏 사용하심이 느껴진다. 나 역시 민감하게 성령님을 느끼며 멘트 하나하나 입을 열어 주시는 대로 하려고 애쓴다. 준비한 멘트가 있어도 입을 열어 주시지 않으면 하지 않으려 한다. 긴장감이 있지만, 온전히 집중하며 하나님의 임재를 느끼는 귀한 시간이다. 그래서 찬양 인도하는 사역을 참 좋아한다.

제자반 큐티를 할 때도 그랬다.

부어 주시는 생각이 너무 신나서 한 번에 쭉 적어 내려갔던 것 같다. 읽고 또 읽으면서 다시 은혜 안으로 들어가고 또 묵상하고 다시 주시는 생각에 감격하고 감사하고~~ 그런데 사역반(제자훈련 2년 차)에 들어오면서 그 부어 주심이 막히자 다시 옛 모습이 올라왔다. 자존감이 낮아지고 부정적인 생각이 들어오고 하나님의 사랑이 식은 것만 같아서 애가 닳았다. 맘이 많이 동동거렸다. 갈증은 나는데 지켜보고만 계신 하나님이 야속하다가도 이렇게 갈급한 맘을 주시는 게 감사하기도 하고~~ 복잡 미묘한 감정 속에 끌고 가시는 하나님을 바라보게 하신다. 오늘의 본문을 보며 은혜가 되는 것은 막힘도 하나님의 뜻임을 발견했기 때문이다. 답답해도 하나님의 뜻이라면…. 받아들인다. 말씀을 보니 때가 되면 열어 주실 거라는 확신이 든다.

오늘 새벽 아이들에게 읽어 줬던 동화책《애벌레의 꿈》이 갑자기 생각났다. 볼품없던 애벌레, 먹는 데만 집중하던 애벌레, 못난 모습에 친구들에게 무시당하던 애벌레가 번데기 속에서 꿈을 꾼다. 겉에선 그 속에서 무엇이 일어나는지 예측하지 못한다. 죽은 것 같아 친구들이 애가 닳는다. 그런데 그 번데기가 껍질을 뚫고 나비가 되어 멋지게 하

늘을 날아오른다. 그를 바라보는 친구들은 탄성을 지른다. 껍질의 막힘이 있었지만, 껍질이 열리는 날 멋지게 날아오르는 새로운 피조물이 되었다.

하나님의 여심은 그런 완전한 변화, 새 창조가 아닐까?

나도 그렇게 변화시키실까??

자신 없이 쪼그라드는 성품을 멋진 날갯짓으로 바꿔 주실까??

막힘이 있으니 여심을 기대해 본다.

마게도냐!!

예비된 동역자 예비된 처소와 함께 여신 세계 열방을 향한 구원!! 하늘에서 바울 사도가 놀라고 있지 않을까? 성령님에게 맡긴 사역이 확장되어, 순종의 열매인 세계 열방이 구원받는 하나님의 깊은 섭리 그 경륜~~

그래서 기대하는 신앙이 맞나 보다. 지금은 너무 미약하고 볼품없지만 광대한 하나님의 여심이 어떤 아름다움을 창조하실지 꿈꿔 본다.

번데기~~ 그 막힘 속에서….

8. 사랑하지 않으면

약 2:14~26

14. 내 형제들아 만일 사람이 믿음이 있노라 하고 행함이 없으면 무슨
유익이 있으리요 그 믿음이 능히 자기를 구원하겠느냐 15. 만일 형제
나 자매가 헐벗고 일용할 양식이 없는데 16. 너희 중에 누구든지 그에
게 이르되 평안히 가라, 덥게 하라, 배부르게 하라 하며 그 몸에 쓸 것을
주지 아니하면 무슨 유익이 있으리요 17. 이와 같이 행함이 없는 믿음
은 그 자체가 죽은 것이라 18. 어떤 사람은 말하기를 너는 믿음이 있고
나는 행함이 있으니 행함이 없는 네 믿음을 내게 보이라 나는 행함으로
내 믿음을 네게 보이리라 하리라 19. 네가 하나님은 한 분이신 줄을 믿
느냐 잘하는도다 귀신들도 믿고 떠느니라 20. 아아 허탄한 사람아 행함
이 없는 믿음이 헛것인 줄을 알고자 하느냐 21. 우리 조상 아브라함이
그 아들 이삭을 제단에 바칠 때에 행함으로 의롭다 하심을 받은 것이 아
니냐 22. 네가 보거니와 믿음이 그의 행함과 함께 일하고 행함으로 믿
음이 온전하게 되었느니라 23. 이에 성경에 이른 바 아브라함이 하나님
을 믿으니 이것을 의로 여기셨다는 말씀이 이루어졌고 그는 하나님의
벗이라 칭함을 받았나니 24. 이로 보건대 사람이 행함으로 의롭다 하심
을 받고 믿음으로만은 아니니라 25. 또 이와 같이 기생 라합이 사자들
을 접대하여 다른 길로 나가게 할 때에 행함으로 의롭다 하심을 받은 것
이 아니냐 26. 영혼 없는 몸이 죽은 것 같이 행함이 없는 믿음은 죽은 것
이니라

"이와 같이 행함이 없는 믿음은 그 자체가 죽은 것이라 어떤 사람은 말하기를 너는 믿음이 있고 나는 행함이 있으니 행함이 없는 네 믿음을 내게 보이라 나는 행함으로 내 믿음을 네게 보이리라 하리라(약 2:17~18)"

행함과 믿음이 주제인데 머릿속은 '사랑'이라는 단어만 떠오른다.

사랑 없는 행함?
사랑 없는 믿음?

본문을 읽는데 질문들이 쏟아져 나온다.
하나님과 교제하는데 왜 변하지 않을까?
하나님을 만났다는데 왜 변한 게 없을까?
하나님을 안다면서 왜 그대로일까?
은혜받았다는데 왜 삶은 그 모양일까?
매일 큐티한다면서 왜 달라짐을 느끼지 못할까?
예수님의 사랑을 안다면서 왜 이웃은 사랑하지 못하나?
'믿는 자'라고 말하면서 왜 예수님의 계명은 실천하지 못하나?
받은 은혜, 구원의 감격은 어디로 갔나?
십자가 사랑은 도대체 어디로 가 버렸나?
진짜 사랑이신 하나님을 알고 있긴 한가?
내가 만나고 교제한 하나님을 나는 얼마만큼 알고 있는 걸까?
진짜 사랑은 한 걸까……?

야고보는 형제들의 모습이 안타까웠던 것 같다. 믿는다고 하는데 예수님의 십자가 사랑이 그들에게서 보이지 않음이 안타까웠던 것 같다.

헐벗고 굶주리는 형제와 자매를 구제할 줄 모른다.

영혼 없는 인사만 오간다.

평안하라, 덥게 하라, 배부르게 하라….

우리도 똑같다.

기도 제목들이 올라오면 기도한다.

그러나 행동과 함께 기도하는 자들은 과연 얼마나 될까?

시간이 조금만 지나도 기도 제목조차 기억하지 못한다.

너무 피상적인 삶의 형태들이 많다.

그것이 믿는다는 우리의 현실이다.

그것이…… 나의 현실이다…….

무엇이 문제일까 생각해 보았다.

믿음과 행함.

함께 되지 않는 이유.

그렇다면 그것이 함께 되게 하는 것은 무엇일지….

반대로 생각해 보게 된다.

내가 정말 열심히 기도했던 적.

내가 정말 기쁘게 했던 일.

내가 바쁜 와중에도 빠지지 않고 했던 것들.

눈물과 진심으로 했던 행동들.
그것에 녹여져 있던 것…….

그것은 '사랑'이었다.

사랑이 쌓여 믿음이 된다.
사랑이 행동하게 한다.
사랑이 자원하게 한다.
사랑이 움직이게 한다.

믿음 안에 사랑이 빠졌던 건 아닌가?
행동 안에 사랑이 빠졌던 건 아닌가?

"내가 내게 있는 모든 것으로 구제하고 또 내 몸을 불사르게 내줄지라도 사랑이 없으면 내게 아무 유익이 없느니라(고전 13:3)"
"그런즉 믿음, 소망, 사랑 이 세 가지는 항상 있을 것인데 그중에 제일은 사랑이라(고전 13:13)"

복음 안에 사랑이 빠지면… 복음이 아니겠지….
십자가 그 사랑이 빠진 믿음이 온전한 것인가?
그 사랑이 없는 행동, 위선이 아닌가?
믿음과 행동을 논할 수 있을까? 그 사랑을 빼고??

나의 믿음을 보기 전에 사랑을 들여다본다.

어느새 밀려난 사랑….

가장 좋은 한 가지를 놓치고 있지는 않은가?

명절이다.

예수의 사랑을 품고 예수님을 섬기는 마음으로 달려가야 한다. 그런데 믿는 자들이 명절 앞두고 푸념이 많다. 괴로워한다.

점검해 봐야 한다.

내 안의 십자가,

예수님의 사랑이 작동하는지.

사랑방 지체 섬기는 것보다 더 못하는 모순된 생활, 행동, 언어까지 ~~ 돌아보며 회개할 것이 많다. 삶의 작은 부분까지 사랑으로 덮어 내려면 하나님의 큰 사랑을 먼저 깨달아야 한다.

그러나 우리는 몰라도 너무 모른다 하나님을,

정말 모른다. 하나님의 사랑을,

진짜 모른다. 내게 사랑이 없음을.

사랑하지 않으면 행동할 수 없다.

사랑하지 않으면 믿음이 성립되지 않는다.

사랑하지 않으면 기쁨이 없다.

사랑하지 않으면 아무것도 할 수 없다.

사랑하지 않으면….

무엇을 해도 하나님은 슬퍼하신다…….

사랑함으로 하나님이 우리 안에 거하심을 알게 된다.
사랑함으로 우리가 하나님의 자녀임을 알게 된다.
사랑함으로 우리는 계명을 지키게 된다.
사랑함으로 믿음을 증명해 낼 수 있다.
사랑함으로 진실 되게 행할 수 있다.

사랑의 하나님.
하나님이 먼저 사랑해 주시고 그 사랑을 보여 주시고 그 사랑을 확증해 주셨는데~~ 왜 잘 안될까요??
….
….
그 사랑을 더 깊이 체험하길 원합니다.
행하지 않으면 안 될 정도로,
믿음을 말하지 않아도 알 정도로,
모든 것이 아무것도 아닌 것이 될 정도로,
깊이, 깊이, 깊이, 깊이…….
알기를 원합니다.

9. 다윗의 노래

시 23:1~6

1. 여호와는 나의 목자시니 내게 부족함이 없으리로다 2. 그가 나를 푸른 풀밭에 누이시며 쉴 만한 물가로 인도하시는도다 3. 내 영혼을 소생시키시고 자기 이름을 위하여 의의 길로 인도하시는도다 4. 내가 사망의 음침한 골짜기로 다닐지라도 해를 두려워하지 않을 것은 주께서 나와 함께 하심이라 주의 지팡이와 막대기가 나를 안위하시나이다 5. 주께서 내 원수의 목전에서 내게 상을 차려 주시고 기름을 내 머리에 부으셨으니 내 잔이 넘치나이다 6. 내 평생에 선하심과 인자하심이 반드시 나를 따르리니 내가 여호와의 집에 영원히 살리로다

시편을 대표하며 많은 찬양곡으로도 불리는 시편 23편, 다윗의 노래.

드넓은 들판과 양 떼 가운데 하프 켜는 모습의 다윗이 떠오른다. (가만 생각해 보니 예수님의 모습과도 오버랩되는 듯하다.) 다윗은 명시 중의 명시, 최고의 찬양 '시'인 이 '시'를 언제 지었을까??

어린 목동 시절이었을까??

아니면 왕이 된 후 목동 시절을 추억하며 지었을까??

아니면 사울 왕에게 쫓기며??? 아니면 압살롬에게 쫓기며???

여하튼 이 시는 우리의 마음을 넓은 초원으로 인도하며, 하나님의 충만함을 맛보게 하며, 선한 목자 되시는 하나님의 품을 그리게 해 주는

'시'이다. 긴 세월을 거치며 많은 찬양과 암송을 하게 된 이 '시'를 다윗은 얼마나 자주 읊었을까?

평안한 가운데 감사하며 읊었을 것이다.

맹수의 공격을 피하며 가슴을 쓸어내리며 읊었을 것이다.

원수의 칼날을 피하며 기도하는 마음으로 읊었을 것이다.

평안 가운데 찬양하며 읊었을 것이다.

범죄한 가운데 피눈물을 흘리며…… 읊었을 것이다…….

본문을 굳이 찾아보지 않아도 충분히 아는 내용의 시라 따로 성경을 찾아 읽지는 않았지만 틈날 때마다 시(시 23편)를 떠올려 보았다.

다윗의 노래,

때론 평안하게, 때론 가슴 저미게, 때론 사무치게 읊었을 노래.

처음에는 드넓은 들판, 풍성한 들판, 평화로운 들판만 떠올랐다. 부족함 없는 그곳으로 인도하시고 맘껏 쉼을 누릴 수 있도록 하시는 풍성한 하나님만 보였다.

그런데 어느 순간,

'사망의 음침한 골짜기'라는 구절이 눈에 들어왔다.

어떤 느낌일까?

어땠길래, 어떤 상황이었길래 '사망의 음침한 골짜기'라고 표현했을까??

얼마나 두려운 일을 당했을 때였을까??

그러나 다윗은 금세 하나님을 찾는다. 두려워하지 않는다고 한다. 주께서 함께하시니, 주의 지팡이와 막대기가 안위하시니 두렵지 않다고 한다.

믿음….

불확실한 상황에서 확신을 갖는 믿음….

원수의 목전에서도 상을 베푸시는 하나님과 그 상을 받아드는 다윗.

다른 세상을 사는 듯하다.

경험의 시였을까?

믿음의 시였을까?

인생을 마감하면서 얼마나 되뇌었을까?

되뇔 때마다 어떤 느낌이었을까?

계속된 궁금증과 생각이 곱씹어지며 가슴 저 밑이 아리면서도 따뜻하다.

믿음의 선포였을 것이고 간증이었을 것이다.

감사와 찬양의 시일 뿐 아니라 신앙고백의 시였을 것이다.

또 다른 상상을 해 본다.

예수님도 이 시를 읊으셨을까?

그렇다면 언제, 얼마나, 어떻게 읊으셨을까?

가상칠인에는 나오진 않지만, 혹시 속으로 읊으시지 않으셨을까?

사망의 음침한 골짜기로 내려가는 순간, 상 차려 주실 하나님을 기억하며 견뎌 내진 않았을까??

만왕의 왕으로 기름 부어 주신 하나님을 의지하며 여호와의 집에 영

원히 거할 것을 기대하며 읊으시지 않으셨을까??

고난이 와도 신자는 하나님이 함께하심이 위로며, 고난을 피하기보다 여호와를 의지하며 맞서 싸워 통과해야 한다고 말씀을 통해서 배웠다. 고난은 신비이며 연단의 과정임도 알게 된다. 그러나 우리처럼 설교를 통해 배울 수 없었던 다윗은 시를 노래하며 하나님의 영에게 배웠을까?

선한 목자 여호와, 부족함 없는 풍성하신 하나님.

사망의 음침한 골짜기에서도 건져 내시며 원수 앞일지라도 상 차려 주시고 기름 부어 주시는 역전의 하나님.

늘 영원히 함께하시는 하나님을, 경험하며 알게 되었을까?

하나님과 동행하며 깨닫고, 경험하며 노래하는 다윗의 영성이 새삼 돋보인다.

읊을수록 심오한 시편 23편!!

가슴 속에 무언가가 꾸물거리는데 다 표현할 수 없는 짧은 글 실력이 아쉽다……. 읊을 때마다 다른 느낌, 다른 감정, 다른 깨달음이 생기는 듯하다.

오늘 본문은 해석하기보단 통째로 맘에 넣어 본다.

평안할 때,

두려울 때,

억울할 때,

일상에서 동행해 주시는 하나님을 기억하며, 다윗의 노래가 나의 노래가 되어 고백되는 진한 간증이 되길 바라본다.

10. 다른 차원의 엎드림

출 32:30~35

30. 이튿날 모세가 백성에게 이르되 너희가 큰 죄를 범하였도다 내가
이제 여호와께로 올라가노니 혹 너희를 위하여 속죄가 될까 하노라 하
고 31. 모세가 여호와께로 다시 나아가 여짜오되 슬프도소이다 이 백성
이 자기들을 위하여 금신을 만들었사오니 큰 죄를 범하였나이다 32. 그
러나 이제 그들의 죄를 사하시옵소서 그렇지 아니하시오면 원하건대
주께서 기록하신 책에서 내 이름을 지워 버려 주옵소서 33. 여호와께서
모세에게 이르시되 누구든지 내게 범죄하면 내가 내 책에서 그를 지워
버리리라 34. 이제 가서 내가 네게 말한 곳으로 백성을 인도하라 내 사
자가 네 앞서 가리라 그러나 내가 보응할 날에는 그들의 죄를 보응하리
라 35. 여호와께서 백성을 치시니 이는 그들이 아론이 만든 바 그 송아
지를 만들었음이더라

엎드린다.

방자한 백성을 대신하여 모세가 엎드린다.

엎드리기뿐만 아니라 자신의 구원을 담보로 엎드린다.

왜…… 그랬을까??

백성을 그리도 사랑했나??

자신을 따른 백성도 있었겠지만 분명 반기를 들고 시기하던 백성도

있었을 터인데….

엎드린다.
무지한 인류를 대신하여 예수님이 엎드린다.
엎드리기뿐만 아니라 자신의 목숨을 담보로 엎드린다.
왜… 그랬을까??
그토록 사랑했나??
제자마저 배신하며 돌아서는데…….

하나님 앞에 엎드려 기도를 드린다.
때론 사랑하는 지체를 위해 중보기도를 드린다.
사랑할수록 더 간절해진다. 그러나 모두를 위해 그렇게 하지는 않는다. 특히 나에게 해를 끼치는 자들을 중보하는 경우는 극히 드물다. 원수를 사랑하라는 말씀은 알지만, 기도까지 연결되진 않는다.

모세와 예수님은 어떻게 엎드릴 수 있었을까?
나와 다른, 다른 차원의 엎드림….
무엇일까??

영화 〈오두막〉의 아버지가 생각난다.
자식을 사랑한 아버지는 자식을 대신하여 지옥을 가겠다고 괴로워하며 나선다. 자식을 사랑한 아버지의 선택은 너무 감동적이고 공감이 되었다. 부모라면 누구나 같은 마음일 것이다.

혹 아비의 마음, 하나님의 마음을 알기에 엎드린 건 아닐까?

백성을 사랑하는 마음도 있었겠지만, 배신하는 제자들과 무지한 인류를 사랑하는 마음도 있었겠지만, 하나님의 애끓는 마음을 알기에 옳지 않은 그들을 위해 엎드린 건 아닐까? 원수일지라도 그를 위해 엎드릴 수 있는 건 하나님에 대한 사랑의 깊이가 아닐까…….

그 깊이가 다른 차원을 낳는다.

다른 차원의 엎드림을 보여 준다.

하나님의 사랑이 확장되어 이웃사랑이 된다.

누굴 위해 엎드린다는 건 하나님에 대한 사랑의 표현이구나! 한 배, 한 식구가 맘에 들지 않는다고 버리는 건 하나님의 마음을 아프게 하는 행동이구나!

맘에 들지 않는 지체, 아니 제 맘을 어지럽히는 지체가 있습니다. 오늘의 본문을 보며 저의 수준을 발견합니다. 품어내기보단, 기도하기보단, 속상해하고 불평하는 제 모습이 보입니다. 제 모습과 모세의 모습, 그리고 예수님의 모습이 비교됩니다.

참된 리더의 모습을 보게 됩니다.

맘에 들건 안 들건 리더는, 성숙한 리더는 하나님을 사랑하는 마음으로 기도해야 함을 깨닫게 됩니다. 하나님을 바라볼 때 그런 기도를 드릴 수 있게 됨을 깨닫습니다. 사람이 아닌 하나님께 초점을 맞추었을 때 그런 기도를 드릴 수 있음을 알게 하십니다. 성숙한 리더가 되기 위

해 하나님을 더 깊이 사랑하고 바라보아야 함을 알게 됩니다.

아직도 수준이 낮은 제게 말씀으로 다가와 깨우쳐 주시는 하나님!!

그런 제게 나무라지도 않고 온유하게 다가오시는 주님.

얕은 사랑으로 제자 되겠다고 으스대는 제게, 다른 차원의 엎드림을 통해 하나님을 향한 사랑으로 사랑하며 기도하는 법을 깨닫게 하시니 감사드립니다.

하나님이 사랑하시는 한 사람 한 사람, 나의 판단으로 정죄하는 죄를 범하지 않게 하시고 하나님의 마음으로 사랑하며 엎드리게 하옵소서.

하나님이 원하시는 중보자, 리더로 성장시켜 주옵소서.

예수님의 이름으로 기도드립니다. 아멘!!

11. 숙명/사명

렘 8:18~9:6

18. 슬프다 나의 근심이여 어떻게 위로를 받을 수 있을까 내 마음이 병
들었도다 19. 딸 내 백성의 심히 먼 땅에서 부르짖는 소리로다 여호와
께서 시온에 계시지 아니한가, 그의 왕이 그 가운데 계시지 아니한가 그
들이 어찌하여 그 조각한 신상과 이방의 헛된 것들로 나를 격노하게 하
였는고 하시니 20. 추수할 때가 지나고 여름이 다하였으나 우리는 구원
을 얻지 못한다 하는도다 21. 딸 내 백성이 상하였으므로 나도 상하여
슬퍼하며 놀라움에 잡혔도다 22. 길르앗에는 유향이 있지 아니한가 그
곳에는 의사가 있지 아니한가 딸 내 백성이 치료를 받지 못함은 어찌 됨
인고 9:1. 어찌하면 내 머리는 물이 되고 내 눈은 눈물 근원이 될꼬 죽임
을 당한 딸 내 백성을 위하여 주야로 울리로다 2. 내가 광야에서 나그네
가 머무를 곳을 얻는다면 내 백성을 떠나 가리니 그들은 다 간음하는 자
요 반역한 자의 무리가 됨이로다 3. 여호와의 말씀이니라 그들이 활을
당김 같이 그들의 혀를 놀려 거짓을 말하며 그들이 이 땅에서 강성하나
진실하지 아니하고 악에서 악으로 진행하며 또 나를 알지 못하느니라
4. 너희는 각기 이웃을 조심하며 어떤 형제든지 믿지 말라 형제마다 완
전히 속이며 이웃마다 다니며 비방함이라 5. 그들은 각기 이웃을 속이
며 진실을 말하지 아니하며 그들의 혀로 거짓말하기를 가르치며 악을
행하기에 지치거늘 6. 네가 사는 곳이 속이는 일 가운데 있도다 그들은
속이는 일로 말미암아 나를 알기를 싫어하느니라 여호와의 말씀이니라

"슬프다 나의 근심이여 어떻게 위로를 받을 수 있을까 내 마음이 병들었도다(렘 8:18)"

하나님의 마음,
예레미야의 마음,
그 마음이 오늘 내게로 온다.

예레미야는 어떤 선지자였을까?
하나님께 쓰임받는 선지자임에는 틀림없는데.
하나님께서 입에 말을 넣어 주신다고(렘 1:9) 하셨는데,
왜 이렇게 말발이 없게 느껴질까?
영향력이 하나도 없게 느껴진다.
그런데도 왜 계속 그에게 말을 넣어 주셨을까?

그(예레미야 선지자)밖에 없었나??
그들은(백성들) 그렇게 악했나??

예레미야의 눈물을 타고 하나님의 슬픔이 흘러내린다.

많이 고되었을 거 같다. 화병처럼 가슴이 답답하고 멍들었을 것 같다. 이길 수 없는 슬픔에 말씀을 선포하지만, 바뀌지 않는 현실과 뻔히 보이는 심판으로 속이 타들어 갔을 것 같다.

하나님의 고뇌가 선지자에게 고스란히 전해진다. 눈물 없이 하나님의 마음을 해석할 수가 없는 선지자는 얼마나 가슴이 찢어졌을까?

심판의 말씀.

가볍게 여기는 백성들.

때론 외면하는 백성들.

아는 것이 병이고 모르는 것이 약이다?!?

그럴지도 모른다.

교회에서조차 복음이 제대로 선포되면 적잖은 갈등들이 생겨난다. 분명 지적해서 변화되어야 할 부분이지만 잘못 전하면 말씀의 선포가 아닌 인간의 감정싸움으로 번진다. 전하는 자나 말씀을 받는 자나 모두 하나님 앞에서 깨끗하지 않으면, 하나님의 경고를 제대로 선포하지 못하고 듣지 못하면, 회개의 기회를 놓친다. 어떤 파문이 일지 예견되지만, 하나님의 사역자는 하나님의 말씀을 전해야 한다. 그것이 사역자의 숙명이요 사명이다.

어릴 적 이사를 자주 다녔다. 왜 자주 옮겨야 하는지 잘 몰랐다. 고등학교 시절에 한 사건의 현장을 목격한 후에야 알게 되었다. 교회 안의 다툼, 시기, 그리고 비리…. 정직하게 사역하는 목사를 불편해했다. 물론 아버지의 약점도 있었을 것이다. 목회의 이념이 다를 수도 있었을 것이고~~ 그 부분은 딸로서 객관적일 수 없는 부분이다.

물론 사역자들의 복음 없는 삶도 분쟁의 원인이 되기도 한다. 여하튼 분명한 것은 하나님의 뜻과 다른 교회의 모습은 지적되어야 하며 변화되어야 한다. 치는 말씀이 아니라 하나님의 말씀으로 들어야 한다. 사역자나 성도 모두 하나님의 말씀 앞에 정직히 서야 한다. 그러나 하나

님의 말씀으로 받기보단 치는 설교를 하기도 하고 치는 설교로 듣기도 한다. 예배의 현장이 미움과 분노가 가득 찬 사탄의 예배당이 된다. 많은 한국 교회가 이런 아픔을 갖고 있다. 그럼에도 불구하고 한국 교회가 성장하는 건, 어쩌면 예레미야와 같은 기도자가 아직도 남아있기 때문인지도 모른다. 하나님은 하나님 앞에 정직한 자를 통해 그 마음을 알리고 눈물의 기도를 받으신다. 그 눈물의 기도를 통해 위로받으신다.

사랑하기에, 사랑하기에, 사랑하기에.

마음을 알아주는 기도자를 찾으신다.

마음을 전해 줄 사명자를 찾으신다.

변하지 않는다고 포기하는 사명자가 아니라 변하든 변하지 않든 하나님의 마음을 전하는 사명자를 찾으신다.

기회를….

어떻게든 회개할 기회를 주고 싶어 하신다.

사역자의 괴로움….

복을 전하는 건 쉽다.

축복하는 건 너무 좋은 일이다.

그러나 바른길을 알리는 것은 쉽지 않다.

바른길로 가라고 권면하기는 조심스럽다.

그럼에도 사명자는 그 길을 전해야 할 숙명을 갖는다.

전하지 않고는 배길 수 없어야 한다.

사도바울이 죽음의 로마행을 멈추지 않았듯, 죽음이 예견될지라도 하나님의 뜻을 향해 가야 한다.

마지막까지 기회를 주고 싶은 하나님의 뜻이 있으시기에,

사랑과 공의의 갈림길에서 사랑을 택하고 싶으시기에,

사명자는 하나님의 마음과 함께 가는 숙명이 된다.

예레미야서를 묵상할 때 많이 힘들었었다.

힘든 맘이 느껴져서…….

사명을 받은 후 줄곧 타는 마음으로 살았을 예레미야의 마음이 느껴져서…….

그런데 이번 묵상에선 다른 생각이 든다.

어쩜 그는 가장 행복한 자였을지도 모른다.

힘든 맘이었겠지만 그는 하나님의 마음을 아는 자였다.

하나님의 은밀한 음성을 듣는 자였다.

하나님과 긴밀하게 동역하는 동역자였다.

하나님의 깊은 사랑을 아는 자였다.

하나님의 투정을 받아 줄 수 있는 자였다.

지금 아버지는 행복한 노년을 보내고 계신다. 수고하고 애쓴 아버지를 향한 하나님의 축복이 넘침을 본다. 자녀로서 너무 보기 좋다. 아직도 호스피스 사역을 하시며 말씀도 전하시고 병상 세례까지~~ 사역자로서의 사명을 감당하고 계신다. 힘들었던 시기는 사역자로서 최고의 전성기였을지도 모른다. 감당할만한 사역자 중에 선택받으신 건지도 모른다. "하나님의 은혜가 크다."라는 고백 가운데 감사의 삶을 살고 계신다.

담임목회를 준비하며 나가시는 부목사님들을 보면 짠할 때가 있다. 그래서 기도하게 된다. 잘 견디어 축복받는 사역자 되시기를~

나는 보았다.

하나님의 말씀을 잘 받는 자와 그렇지 못한 자들.

그들의 인생을~

구원의 문제는 다를 수 있지만… 인생의 마무리를 보며, 경고하시고 심판하시고 끝까지 기회 주시는 하나님을 보게 된다.

축복을 전하든 심판을 전하든 하나님의 마음을 잘 헤아리고 잘 전하는 진실한 사명자들이 많았으면 좋겠다. 그것을 숙명으로 여기며 순응하며 사는 사명자들이 많으면 좋겠다. 눈물 마를 날이 없었던 예레미야처럼, 온몸이 (눈)물에 덮일 만큼 가슴이 아프고 도망가고 싶을지라도, 하나님께 시선을 고정하고 사명감을 안고, 묵묵히 십자가의 길을 가신 예수님처럼, 지금은 변하지 않을 걸 알면서도 뚝심 갖고 외치는 사명자!!

오늘은 나의 개인적 결단보다,

사역자들을 위한 기도의 마음이 생긴다.

그렇게 사역하실 사역자들을 중보하고 싶은 마음이 생긴다.

그렇게 사역하는 사역자들을 축복하고 싶은 마음이 생긴다.

메아리 없는 외침에도 꿋꿋이 걸어갈 하나님의 사람들을 축복해 본다.

12. 미사(美死)가 미사(Missa) 되다

요 12:20~36

20. 명절에 예배하러 올라온 사람 중에 헬라인 몇이 있는데 21. 그들이
갈릴리 벳새다 사람 빌립에게 가서 청하여 이르되 선생이여 우리가 예
수를 뵈옵고자 하나이다 하니 22. 빌립이 안드레에게 가서 말하고 안드
레와 빌립이 예수께 가서 여쭈니 23. 예수께서 대답하여 이르시되 인
자가 영광을 얻을 때가 왔도다 24. 내가 진실로 진실로 너희에게 이르
노니 한 알의 밀이 땅에 떨어져 죽지 아니하면 한 알 그대로 있고 죽으
면 많은 열매를 맺느니라 25. 자기의 생명을 사랑하는 자는 잃어버릴 것
이요 이 세상에서 자기의 생명을 미워하는 자는 영생하도록 보전하리
라 26. 사람이 나를 섬기려면 나를 따르라 나 있는 곳에 나를 섬기는 자
도 거기 있으리니 사람이 나를 섬기면 내 아버지께서 그를 귀히 여기시
리라 27. 지금 내 마음이 괴로우니 무슨 말을 하리요 아버지여 나를 구
원하여 이 때를 면하게 하여 주옵소서 그러나 내가 이를 위하여 이 때
에 왔나이다 28. 아버지여, 아버지의 이름을 영광스럽게 하옵소서 하시
니 이에 하늘에서 소리가 나서 이르되 내가 이미 영광스럽게 하였고 또
다시 영광스럽게 하리라 하시니 29. 곁에 서서 들은 무리는 천둥이 울었
다고도 하며 또 어떤 이들은 천사가 그에게 말하였다고도 하니 30. 예수
께서 대답하여 이르시되 이 소리가 난 것은 나를 위한 것이 아니요 너희
를 위한 것이니라 31. 이제 이 세상에 대한 심판이 이르렀으니 이 세상
의 임금이 쫓겨나리라 32. 내가 땅에서 들리면 모든 사람을 내게로 이

끌겠노라 하시니 33. 이렇게 말씀하심은 자기가 어떠한 죽음으로 죽을 것을 보이심이러라 34. 이에 무리가 대답하되 우리는 율법에서 그리스도가 영원히 계신다 함을 들었거늘 너는 어찌하여 인자가 들려야 하리라 하느냐 이 인자는 누구냐 35. 예수께서 이르시되 아직 잠시 동안 빛이 너희 중에 있으니 빛이 있을 동안에 다녀 어둠에 붙잡히지 않게 하라 어둠에 다니는 자는 그 가는 곳을 알지 못하느니라 36. 너희에게 아직 빛이 있을 동안에 빛을 믿으라 그리하면 빛의 아들이 되리라 예수께서 이 말씀을 하시고 그들을 떠나가서 숨으시니라

'아름다운 죽음이 아름다운 제사 되다.'

아름다운 죽음에 대해 생각해 보았다.
물론 가장 먼저 생각난 것은 예수님의 십자가였다.
예수님의 십자가!!
아름다운 죽음!!

자기 목숨을 내놓고 다른 사람들을 구한 이야기는 뉴스를 통해서도 종종 접한다. 그의 죽음은 안타깝지만, 가족들은 슬픔과 함께 자랑스러움의 감정을 갖는다. 누군가의 생명을 구한다는 건 세상에서 가장 아름다운 일이기 때문이다.

우리는 생명이라는 것에 대해 굉장히 관심이 많다.

그리고 특별한 감동을 느낀다.

아이가 태어날 때를 봐도 그렇다.

생명이 주는 감동은 숭고하다.

예수님의 십자가는,

잠시뿐인 인생의 생명 연장과는 차원이 다르다.

이생의 생명을 넘어 영원한 생명으로, 우리를 구원의 길로 인도하신다.

어쩜 성경은 구원으로 인도하는 과정 가운데 아름다운 죽음의 이야기를 담고 있는지도 모른다. 사도행전의 바울은 환난과 핍박을 예고하는 데도 예루살렘으로 떠난다. 굳이 로마로 향한다. 죽음을 알면서도 강행한다.

살아도 주를 위해,

죽어도 주를 위해,

사나 죽으나 주의 것~~~(롬 14:8)

이미 죽음을 초월한 듯하다.

그가 당한 고난, 그리 쉽지 않았을 텐데….

오죽하면 주님께서 밤에 찾아와 격려했을까?

예수님의 뒤를 따르는 아름다운 죽음, 아름다운 제사에 참예한 바울!!

그는 죽음을 각오하며 많은 이방 민족에게 복음을 전했으며, 죽음마저 복음 되는 아름다운 죽음을 맞이했다.

주기철 목사님의 고문 이야기를 들었을 때, 목사님의 아들이 아버지가 고문을 당하는 모습을 보고 실어증에 걸렸다는 이야기를 들었을 때, 그분들이 견뎌 냈어야 할 고난을 들었을 때 맘이 너무 아팠다. 예수님을 따르는 길임을 알지만, 고난을 오롯이 감당했어야 했던 그들…….

수없이 마음을 다잡았을 것이다.

영광의 길을 가셨으니 행복했을 거라고 그리 쉽게 말하지는 못하겠다. 그러나 아름다운 제사임에는 틀림없다. 그의 죽음은 믿는 자들의 마음에 불을 지폈으며 한국을, 한국 교회를 굳건히 세워 나가는 기초석이 되었다.

예수님의 제자들.

그들 역시 기꺼이 아름다운 제사에 참여했다.

모두 다 예수님을 따라 미사(美死)로 미사(Missa)했다.

아름다운 죽음이란 무엇일까?

"한 알의 밀이 땅에 떨어져 죽지 아니하면 한 알 그대로 있고 죽으면 많은 열매를 맺느니라(요 12:24)"

물론 덕을 많이 쌓은 죽음도 아름답다.

그러나 우린 그 죽음보다 생명을 구하는 죽음을 더 아름답다고 한다. 거기서 더 나아가 우리는 영혼을 살리는 죽음을 가장 아름답다고 할 수 있다.

하나님의 염원이 담긴 생명 구원!!

하나님의 소원은 늘 하나다.

“나와 교제하자.”

그 교제의 장으로 이끄는 희생,

하나님의 소원을 이루기 위해 드리는 제사,

많은 열매를 맺는 삶, 나의 생명이 귀한 것처럼 다른 생명을 사랑하고 귀히 여기는 제사.

예수님이 제물 되어 드렸던 대제사장의 제사처럼 우리도 그리 살길 원하신다.

물론 순교는 아무나 하는 것이 아니다. 나의 힘으로 하는 것도 아니고 하나님의 특별한 사용하심이 아니면 안 되는 것이기에 부담스러워할 필요는 없다. 나의 분량에 맞는 아름다운 죽음을 하면 될 것이다. 나의 고집·주장·생각 죽이기, 남을 위한 양보, 하나 되기 위해 목소리 죽이기 등등…. 삶에서 여러 가지가 많을 것이다. 그런 작은 죽음도 하나님은 기뻐하실 것이다. 그런 작은 죽음을 통해 그리스도인으로서 살아 낸다면, 그런 삶을 통해 하나님의 이름을 전한다면 아주 기뻐할 것이다.

한 주간 아름다운 죽음에 대해 묵상했다.

성경 인물들의 마지막 생을 더듬어 보았다.

하나님이 기뻐하실 거란 걸 알지만 씁쓸한 이 마음은 왜일까??

사실…. 난.

아직 그런 죽음이 행복하게 느껴지진 않는다.

그런 죽음, 달갑지 않다.

"왜 나야??" 하는 생각도 든다.

예수님의 희생, 사랑보다 사람의 고통이 눈에 더 들어온다.

"아직도 많이 멀었죠?? 주님??"

그렇다. 아직도 많이 멀었다…….

예수님의 깊은 사랑을 깨달으려면 아직 먼 듯하다. 그래서 잘 안 되나 보다. 희생해야 하는 부분에서 기쁜 감정보다 슬픈 감정이 더 많이 느껴지는 것은 그 때문인가 보다. 얼마만큼 묵상하고 예수님의 사랑을 깊이 만나야 기쁘게 미사(美死)에 들어갈 수 있을까? 얼마만큼 그 사랑을 깨달아야, 진심으로 미사(Missa)를 드릴 수 있을까???

하나님!!

아직 그 사랑을 깊이 깨닫지 못했나 봅니다…….

아직도 저의 죄인 됨의 고백이 잘 이루어지지 않고 있나 봅니다…….

조그만 희생에도 억울하다는 감정이 앞설 때가 많은 이 죄인을 불쌍히 여겨 주옵소서.

하나님!!

하나님의 깊은 사랑을 더 알게 하옵소서.

예수님의 십자가가 저에게 더 깊이 다가오게 하옵소서.

그래서 죽기까지 하나님이 원하시는 삶으로 사는 데 전혀 억울함이 없게 하옵소서.

인생의 죽음뿐 아니라 삶에서 어떤 부분이 죽어져야 하는지 깨닫게 되고 기꺼이 죽어지는 은혜가 있게 하옵소서.

그런 죽음들이 행복하게 다가오게 하옵소서.

그런 죽음들이 쌓여 하나님께 가는 날,

복음으로 맺어진 열매 한가득 안고,

하나님 만나러 가게 하옵소서.

두 팔 벌려 맞아 주실 주님 앞에,

삶도 죽음도 복음이 되어 많은 영혼을 주님께로 인도하는 인생 되게 하옵소서.

아름다운 죽음으로 아름다운 제사를 올려 드리길 소망합니다.

예수님의 미사(美死)를 닮은 미사(Missa)를 드리게 하옵소서.

그런 예배의 삶이 되어 하나님을 영화롭게 하옵소서.

예수님의 이름으로 기도드립니다. 아멘!!

“미사(美死)가 미사(Missa) 되다.”

매일매일
밀愛하듯
묵상하기

나는 '블로그'라는 장치를 걸어(혼자의 결단만으론 쉽지 않기에)
매밀묵하기에 도전하고 있다. 정말 매밀묵은 꾸준함과 성실함,
그리고 무엇보다 하나님을 사랑하는 마음이 필요하다.

우리 교회(부산 수영로교회)는 매일 성경 본문으로 새벽예배를 드리기에
나도 매일 성경으로 묵상을 한다.
그중 일부분(블로그에 올린 출애굽기 묵상)을 나누어 본다.

III

매일매일 밀애하듯 묵상하기

20210407 출 1:1~22

《무엇을 두려워하는가?》

애굽의 환대를 받으며 입성했던 야곱(이스라엘)의 가족이 긴 세월을 지내며 애굽을 위협하는 이방 민족이 되었다. 겨우 70인에 불과했던 한 사람의 가족이었는데 400년을 지내며 한 민족으로 번성한다. 아브라함에게 말씀하셨던 약속이 긴 세월 동안 신실하게 지켜져 갔다.

그런데 문제가 생겼다.

요셉을 알지 못하는 새 왕은 하나님을 알지 못한다. 점점 번성하는 이스라엘 자손만 두려울 뿐이다. 그의 두려움은 압제로 표현되었다. 노동을 시키고 급기야 남아 말살 정책을 펼친다.

(아들이면 죽이고 딸이면 살려 두라는 그의 명령을 보며 이스라엘 자손을 노예로 부리고 싶은 그의 야비한 욕망을 엿보게 된다.)

그에 반하여 히브리의 산파들은 사람(왕)이 아닌 하나님을 두려워한다. 왕의 명령(남아 말살)을 알면서도 남자아이를 살려 둔다. 지혜 있는 거짓말로 왕 앞에 거침없이 나선다. 몸은 죽여도 영혼은 능히 죽이지 못하는 자들을 두려워하지 않았다. 오직 몸과 영혼을 능히 지옥에 멸하실 수 있는 하나님을 두려워했다. (마 10:28) 하나님을 두려워하고 경외하는 산파들에게 하나님은 은혜를 베푸셨다.

강한 학대에도 불구하고 이스라엘 백성은 번성하고 강하고 홍왕하였다. 위협적인 세상에서 우리가(크리스천) 어떻게 살아야 하는지 너

무도 잘 보여 주는 본문이다.

하나님의 약속은 반드시 이루어진다.

세상의 위협은 그들의 몸부림이다.

우리가 두려워할 것은 세상의 위협이 아닌 몸과 영혼을 다스리시는 하나님뿐이다. 하나님을 경외함으로 나아갈 때 하나님은 하나님의 방법으로 우리를 번성케 하시며 강하게 하시고 또한 은혜를 베푸사 홍왕케 하실 것이다.

출애굽기는 하나님의 일하심과 하나님의 하나님 되심을 바라볼 수 있는 귀중한 말씀이다. 어떻게 이끌어 가실지 기대하며 하나님께 더 집중하는 묵상이 되길 기대해 본다. 두려운 마음과 설레는 마음으로 출애굽의 묵상을 시작하게 된다.

20210408 출 2:1~10

《구원//건져 내다》

자신의 역량을 넘어서는 한계를 만나는 건 참 힘든 일이다.

때론 위험한 선택을 해야 하고 가슴 아픈 결정을 내려야 한다.

남자아이가 죽어 나가는 시대였다. 그러나 하나님이 주신 아름다운 아기를 죽일 수 없어 최선을 다해 아이를 지켜본다. 그러나 곧 한계를 만나게 된다. 나의 한계를 인정하고 하나님의 신실하심에 맡긴다.

과연 하나님은 기가 막힌다.

대적의 딸을 통한 구원(건져짐)이 이루어진다.

당당히 아이의 젖을 물릴 뿐만 아니라 삯까지 받게 된다.

나의 최선은 한계가 있지만, 하나님의 섭리는 반전과 역전을 연출한다. 생각지 못한 은혜가 흘러온다.

건져 냄(구원)은 출애굽기의 중요한 주제이다.

모세의 스토리를 통해 하나님은 출애굽의 구원 계획을 미리 드러내신다. 또한, 죄악 중에 있는 우리의 구원(건져 냄) 계획도 암시하신다.

얼토당토않은 아비(바로)의 계획으로 죄 없는 아기들이 죽어 나간다. 바로의 딸 마음 한 켠에 있는 긍휼의 마음을 하나님이 사용하신다. (대적의 딸을 도구로 삼으시는 하나님의 반전은 아무리 생각해도 놀

랍다.) 뻔히 히브리 남자아기임을 알면서 그 아기를 건진다. 아기의 엄마로 추측되는 여자를 유모로 삼는다. 그녀를 고발하기보다 삯을 주며 보호한다.

그렇다. 하나님의 계획은, 하나님의 건져 내심은 상상을 초월한다. 십자가의 죽음을 통한 죽음의 정복을 누가 상상해 봤겠는가?

우리는 끝(한계, 죽음)이라 하지만 하나님은 시작(건져 냄)이라 하신다. 놀라운 하나님의 구원 계획과 성취를 (출애굽기) 말씀을 통해 더 깊이 깨닫길 기도하게 된다.

20210409 출 2:11~25

《성숙의 시간》

모세도 알았던 것 같다.

자신을 통한 하나님의 계획이 있을 거란 걸.

자세히는 몰랐겠지만, 자신이 남들과 다르게 자라는 특별한 이유가 분명히 있을 거라고~~

어쩜 그런 마음을 친엄마이자 유모인 요게벳으로부터 듣고 자랐을지도 모르겠다. 바로의 궁에서 자랐지만, 눈칫밥도 먹었을 것이고, 노역에 괴로워하는 동족을 보며 마음의 분노도 일었을 것이다. 그런 그가 장성하였다.

한 애굽인이 자신의 형제, 동족을 치는 것을 보는 순간 그동안 감춰두었던 의협심이 애굽인을 쳐 죽이기에 이른다. 그러나 자신의 형제, 동족들은 모세와 생각이 같지 않았다. 자신을 통한 무언가가 이루어질 줄 알았던 모세는 쓰디쓴 실패를 맛본다. 자신이 꿈꿔 왔던(동족을 리드할) 것이 무너지는 순간 그는 그 자리에서 도피하게 된다. 그러나 성경은 모세를 건질 자로 계속 계시한다.

미디안 광야에서 만난 미디안 제사장의 딸들을 목자들에게서 건져낸다. '건져 낸다'라는 표현을 굳이 사용한다.

요셉도 그랬다.

그는 어린 소년의 때에 꿈을 꿨다. 분명 하나님이 주신 꿈인데 형들의 시기와 미움으로 꿈이 무산되는 듯했다. 꿈과는 상관없는 광야의 시간이 지루하게 이어진다. 마치 하나님의 꿈이 잊혀진 듯….

어떤 목사님은 이렇게 표현하셨다.
꿈을 가진 자가 미성숙하면 탈이 난다.
성숙의 시간이 필요하다.
하나님은 꿈의 사람을 성숙시키며 빚어 가신다.

여러 해 후 '하나님이 이스라엘 자손을 기억하셨다(25절)'라고 말씀은 기록한다. 하나님의 사람이 준비되어 진 것을 의미하는 듯하다. 이제 드디어 때가 이른 것이다.

하나님은 성숙의 시간을 충분히 가지시는 것 같다.
요셉도 다윗도 오늘의 모세도.
절대 급히 사용하지 않으신다.
하나님의 꿈은 하나님이 이루신다.
자신을 온전히 통로로 인정하고 내어 드릴 때, 그때 사용하시는 듯하다.

모세를 통한 하나님의 계획(구원)은 하나님이 주도하셨다.
우리를 통한 하나님의 계획도 그럴 것이다.
충분히 성숙의 시간을 보내고 하나님께 내어 드려 하나님이 쓰시기에 합당한 우리가 되길 소원하게 된다.

20210410 출 3:1~12

《이제》

고향을 떠나 도피 생활 40년.

새로운 곳에 터를 잡고 옛일이 가물가물해질 때 더 이상 혈기 부릴 힘도 없을 때,

그때 하나님이 떨기나무에 꺼지지 않는 불꽃으로 나타나신다. 그리고 부르신다.

"모세야, 모세야!!"

"**내가** 애굽에 있는 내 백성의 고통을 분명히 **보고** 그들이 그들의 감독자로 말미암아 부르짖음을 **듣고** 그 근심을 **알고, 내가 내려가서** 그들을 애굽인의 손에서 **건져 내고** 그들을 그 땅에서 **인도하여** 아름답고 광대한 땅, 젖과 꿀이 흐르는 땅 곧 가나안 족속, 헷 족속, 아모리 족속, 브리스 족속, 히위 족속, 여부스 족속의 지방에 데려가려 하노라 **이제 가라** 이스라엘 자손의 부르짖음이 내게 달하고 애굽 사람이 그들을 괴롭히는 학대도 내가 보았으니 **이제 내가 너를** 바로에게 **보내어** 너에게 내 백성 이스라엘 자손을 애굽에서 **인도하여 내게 하리라**(출 3:8~9)"

당황스럽다.

이제,

이제 가라고 하신다.

실패한 도망자, 힘도 없는, 늙어 버린 모세에게….

이제, 이제 가라 하신다.

그런데 아무 말씀도 안 하시던 그분의 말씀이 너무도 분명하다. 백성들의 고통을 보고, 듣고, 안다고 하신다. 그들을 건져 내고, 약속의 땅으로 인도하여 내신다고 하신다. 반드시 너(모세)와 함께 있으리라 하신다.

왜 이제(모세의 나이 80세)였을까???

답은 말씀 중에 있다.

백성을 인도하여 내는 분은 모세가 아닌 하나님(나)임을 1인칭을 사용하며 분명히 드러내신다. 모세를 통한 구원이긴 하지만 구원은 분명 하나님이 하시는 일이다.

처음부터 모세를 택하셨다.

아니 모세를 이 땅에 보낸 이유이다. 그러나 자신의 사명을 하나님과 상관없는 자신의 배경과 힘으로 하게 하시지 않는다. 바로의 궁에서 자란 건 바로의 힘을 사용하라는 것이 아니다. 바로의 궁에 들어가 하나님의 일을 선포하고 행하게 하기 위함이며 애굽의 속성을 파헤치고 철저히 파괴하기 위함이다. 그러기에 하나님은 모세의 쓸데없는 힘 빼기를 해야 했다. 그리고 이제, 이제야 때가 된 것이다.

애굽이 두려워질 때, 자신의 힘이 완전히 빠졌을 때, 자신(모세)부터 하나님을 온전히 의지하지 않으면 안 되는 때, 그때가 바로 '이제'가 된 것이다.

오늘의 말씀을 통해 분명히 알게 된다.

구원의 주체는 '하나님'이시다.

우리의 고통을 보시고, 들으시고, 알고 계시며, 친히 내려와 건지시고 인도하신다. 우리의 힘이 다 빠지고 온전히 하나님을 의지하고 바라볼 때, 하나님의 시간이 '이제'가 된다. 사명자를 부르시고 다시 사명을 주시며 함께하시어 그 일(구원, 약속)을 이루신다.

나의 사명의 시간은 '이제'인가? 아니면 '아직'인가?…….

20210411 출 3:13~22

《이름》

이름은 참 중요하다.

특별한 의미를 부여하고 소망을 담기도 한다. 그러기에 개명하여 좀 다른 인생을 꿈꿔 보기도 한다. 이스라엘 백성들의 이름을 보아도 그렇다. 태어날 당시의 상황을 이름에 담기도 하고 하나님의 뜻을 담기도 한다. 또한, 하나님과의 특별한 만남 후 이름이 바뀐 경우도 종종 보게 된다.

모세가 하나님의 이름을 묻는다.

물론 자라면서 하나님에 관해 이야기는 들었을 것이다. 그러나 전해 들은 하나님이 아니라 나의 하나님을 이야기해야 한다. 이스라엘 백성에게 전해야 할 하나님은 다름 아닌 내가 만난 하나님, 내가 경험한 하나님이어야 한다. 이름을 묻는 모세에게 말씀하신다.

"I AM WHO I AM."

이 세상은 하나님에 의해 창조되었다. 그분은 누군가에 의해 지어진 존재가 아닌 스스로 계신 분, 즉 창조주이시다.

그 옛날 조상들에게 약속을 주신 아브라함의 하나님, 이삭의 하나님, 야곱의 하나님 그리고 지금도 계신, 살아 계신 하나님이심을 알려 주신다. 아브라함에게 약속하신 그 기한이 찼다. 400년, 4대 만에 큰 민족을 이루게 하셨다. 이제 언약대로 약속의 땅으로 인도하시고자 한다. 모세에게 해야 할 일들과 어떤 일들이 일어날지 상세하게 알려 주신다.

하나님을 잘 알아야겠다는 생각을 하게 된다.
그래야 하나님을 알릴 수 있다.
하나님의 이름, 하나님의 성품, 하나님의 속성….
막연한 신이 아니다. 지금도 살아 역사하시는 하나님이시다.
우리는 하나님의 이름을 물어야 한다.
"당신은 어떤 분입니까?"

하나님은 말씀을 통해 자신을 드러내신다.
그 하나님의 이름을 경험하고 전하는 우리가 되길 그분은 바라고 계신다…….

20210412 출 4:1~17

《포기하지 않으시는 하나님》

40년이 지났지만, 실패의 상처는 깊습니다. 하나님께서 나타나시고 부르시고 다 말씀해 주셨지만, 모세의 마음은 어렵습니다. 거절에 대한 부담감, 바로의 권력에 대한 두려움…. 이제 겨우 자리 잡고 안정되었는데 늘그막에 위험한 일을 굳이 하고 싶지 않습니다.

자신이 태어난 이유(사명)도 외면하고 자기의 형제들(이스라엘 민족)도 외면하고 하나님마저 외면하고 싶습니다. 그런 모세에게 하나님은 끝까지 사명을 감당하도록 설득하고 있습니다. 세 번의 이적을 통해 하나님의 하나님 되심을 가르쳐 주시며 모세의 능력이 아닌 하나님의 능력으로 이 모든 것을 할 것을 알려 주십니다.

그런데도 이런 핑계 저런 핑계를 대며 모세는 회피합니다. 그런 모세를 향해 노하시기까지 하면서 사명을 거듭 주십니다. 절대 포기하지 않으시며 동역자를 붙여 주시고 또 함께하십니다.

이럴 땐 의문이 듭니다.

그렇게 순종하지 않는 모세를 굳이 쓸 필요가 있을까?

다른 사람 보내도 될 거 같은데….

요나를 볼 때도 그렇습니다.

굳이 요나여야 했나??

그렇게 불순종하는데??

그러면서도 참 은혜라는 생각도 듭니다. 내 모습을 보면 사명을 주시기 힘들겠구나…. 하나님의 포기하지 않는 부르심과 열심이 사명의 길을 가게 하겠구나…. 나의 어떠함이 아니라 하나님의 하나님 되심이 이 모든 일을 이루어 내시겠구나……. 모세를 이 땅에 보내신 목적을 이루시는 분이 나를 이 땅에 보내신 목적을 이루시겠구나……. 포기하지 않으시는 그분의 사랑이, 포기하지 않으시는 그분의 계획이, 우리를 구원하셨음을… 깨닫게 됩니다.

나를 너무도 잘 아시는 분이 찾아오십니다. 그러기에 순종이 복임을 깨닫습니다. 동역자를 붙여 주시며 함께하심으로 그분께서 뜻을 이루어 나가실 것을 신뢰합니다. 그 아름다운 일에 부르신 주님을 찬양하며 겸손히 순종하며 나아가는 제가 되길 기도합니다. 믿음이 약하여, 하나님이 아닌 나를 바라봄으로 불순종의 마음이 들어올 때 포기하지 마시고 붙들어 주옵소서. 오늘도 목적을 잃고 안일하게 주저앉은 사명자들에게 다시금 사명을 불어 넣으시고 일으켜 주옵소서. 부르시고 보내시어 주의 뜻을 이루소서.

20210413 출 4:18~31

《애굽으로의 여정》

앞으로 어떤 일이 펼쳐질지 모르나 모세는 애굽으로의 여정을 시작합니다. 장인에게 허락을 구하고 애굽으로 갈 채비를 합니다. 그나마 자신의 목숨을 노리던 자들이 다 죽었다는 하나님의 말씀을 위안 삼습니다. 아내와 아들들을 나귀에 태우고 하나님의 지팡이를 손에 쥡니다.

하나님은 앞으로 일어날 일들을 미리 알려 주십니다. 이스라엘의 장자 됨과 열 재앙의 마지막 '장자의 죽음'이 선포됩니다.

부르시고 사명을 주시고 설득하셨던 하나님이 모세를 죽이려 합니다. 언뜻 이해가 되지 않는 부분입니다.

왜 그랬을까?

하나님은 아브라함과 맺은 언약을 상기시키려 했던 것 같습니다. 이미 창세기 15장에 이삭이 생기기도 전 하나님은 예언하셨습니다. "네 자손이 이방에서 객이 되어 그들을 섬기겠고 그들은 사백 년 동안 네 자손을 괴롭히리니 그들이 섬기는 나라를 내가 징벌할지며 그 후에 네 자손이 큰 재물을 이끌고 나오리라(창 15:13~14)" 그리고 아브라함이 구십구 세 때에 할례를 행함으로 언약의 표징이 되게 하셨습니다. (창 17장)

위험한 애굽으로의 여정입니다.

언약을 지키시는 하나님!!

모세 역시 그 언약을 지켜야 했습니다.

애굽으로 가는 여정 가운데 하나님이 앞서 행하십니다. 형 아론을 불러 광야로 가서 모세를 맞이하게 합니다. 긴장하고 두려워할 모세에게 든든한 동역자를 예비하십니다. 아론과 함께 이스라엘 장로들의 앞에서 하나님이 하신 말씀과 이적을 전합니다. 하나님의 살피심을 알립니다.

쉽지 않은 여정입니다.

하나님의 지팡이(능력) 없이는 갈 수 없는 길입니다. 하나님의 언약을 기억하며, 붙들며, 지키며 가야 하는 길입니다. 하나님의 돌보심과 하나님의 말씀, 행하심을 선포하며 나아가야 하는 길입니다. 때론 위험한 그 길이지만 모든 것을 알려 주시며 예비하시고 함께하시는 하나님을 발견합니다. 그러기에, 애굽으로의 여정을 시작할 용기를 얻게 됩니다.

20210414~20210415 출 5:1~6:13

《실패의 자리에서 하나님을 알아 가다》

바로와 이스라엘 백성들의 완악함에 대해 하나님은 미리 모세에게 알려 주었습니다. 그러나 안다고 해서 마음이 힘들지 않은 건 아닙니다. 바로의 조롱과 백성들의 원망을 감당하기가 어렵습니다. 하나님께 순종했는데 더 악해지는 상황이 불만을 토로하게 합니다. 그러나 늘 그렇듯 하나님은 최고의 반전을 준비하고 있습니다. 하나님은 다시금 모세에게 하나님의 계획을 알려 주십니다.

"나는 여호와라."

이스라엘 자손들과 함께할 새로운 시대의 계획을 알리십니다.

큰딸이 재수하고 있습니다. 감사하게 공부하기 전 QT를 먼저 한다고 합니다. 그저 습관적으로 신앙고백을 하며 예배드리던 아이가 하나님을 알아 가고 있습니다. 지금 재수는 너무 힘들지만, 하나님 앞에서 실패의 이유를 해석하고 자신을 인도하실 하나님을 기대하게 된다고 합니다. 부모의 마음으론 하나님께서 한 번에 턱 하니 합격시켜 주셨으면 좋았겠다 싶지만, 아이가 힘든 상황을 만나 하나님을 알아 간다니 감사하며 응원하게 됩니다.

그렇습니다.

하나님께서 우리 아이를 버리지 않으시고 반드시 형통의 길로 인도하실 줄 믿습니다. 고통의 광야일지라도 하나님과 함께함이 복임을 믿습니다. 하나님을 알아 가고 만난다면 충분히 그 시간은 가치가 있음을 고백합니다.

이스라엘 백성은 아직 하나님을 잘 알지 못합니다. 조상에게 나타난 전능하신 하나님이 나의 구원의 하나님이 되기까지 시간이 필요합니다. 때로는 실패의 자리에서 하나님을 알아 갑니다. 하나님의 커다랗고 신비한 그 계획을 다 이해할 수 없기에 인내하지 못하고 불평하지만 그런 우리의 모습과 상관없이 하나님은 하나님의 하나님 되심을 드러내시며 결국 그 계획을 이루어 가십니다.

바로 왕 역시 하나님을 알지 못합니다.

오만방자한 태도로 자신이 '최고의 신'인 양 착각하고 있습니다. 자신이 앉고 있는 그 자리 역시 하나님의 뜻 가운데 있음을 알지 못합니다. 자신의 권력으로 백성들을 사로잡으려 하지만 결국 무너질 허상일 뿐입니다.

모세 역시 하나님을 알아 갑니다.

조상들과 맺은 언약을 기억하시며 이루시는 하나님!

사명자에게 찾아오시고 사명을 주시는 하나님!

그 이루실 일을 알리시는 하나님!

말씀대로 이루시는 하나님!

절대 실패가 없으신 하나님!

실패처럼 보였던 십자가도 최고의 반전(부활)을 위한 과정이었습니다.

실패의 자리에서 하나님을 알아 가는 우리가 되었으면 좋겠습니다. 지금 현실에서 치열하게 하나님을 알아 가는 큰딸을 축복합니다. 하나님을 알아 감으로 하나님의 뜻을 깨닫고 그 뜻 안에 서 있는 딸이 되길, 실패의 아픔을 딛고 노력한 결실을 얻게 되길, 이 모든 과정이 하나님의 비전을 향한 길이 되길, 또한, 저에게도 새로운 깨달음으로 하나님을 알아 가는 시간이 되길 기도합니다. 하나님의 인도하심과 보호하심을 신뢰하며 인내하는 시간이 되길 기도합니다.

20210416 출 6:14~7:7

《모세와 아론》

"이스라엘 자손을 그들의 군대대로 애굽 땅에서 인도하라 하신 여호와의 명령을 받은 자는 이 아론과 모세요 애굽 왕 바로에게 이스라엘 자손을 애굽에서 내보내라 말한 사람도 이 모세와 아론이었더라(출 6:26~27)"

성경은 하나님의 명령을 받은 자로 모세와 아론을 지명합니다. 정통 레위 지파의 후손으로 하나님이 이미 계획하심에 따라 세워졌음을 알립니다.

그렇습니다.

하나님의 부르심은 우발적이고 즉흥적인 것이 아니라 계획적이며 구체적입니다. 모세와 아론의 나이가 각각 팔십과 팔십삼 세입니다. 원로의 자리에서 젊은이들을 격려하며 응원할 나이일 텐데 하나님은 그들을 리더로 앞세웁니다. 새로운 일을 시작하고 나서기 주지할 법한 나이입니다. 그러나 하나님이 아랑곳하지 않고 모세와 아론을 선택합니다. 모세와 아론을 선택한 이유, 혹시 이것 때문이 아닐까 싶은 구절이 보입니다.

"모세와 아론이 여호와께서 자기들에게 명령하신 대로 행하였더라(출 7:6)"

모세와 아론이 해야 할 일은 다름이 아닌 명령대로 하는 것입니다. 하나님의 말씀을 설득하는 것도 아니고 자신의 능력을 드러내는 것도 아닙니다. 하나님의 말씀을 그대로 선포하고 하나님이 하라고 하신 일을 행하는 것, 그것이 모세와 아론이 해야 하는 일이었고 그들은 그대로 하였습니다.

어떤 일을 하는 데 있어서 우리에게 장애가 되는 것이 많은 듯합니다. 나이, 집안, 학력…. 그러나 하나님은 단 하나, '순종'을 보십니다.

모세와 아론처럼,
처음부터 끝까지 순종의 본이 되어 주신 예수님처럼,
하나님의, 계획의 흐름 따라 순종하는, 아름다운 순종의 사람이 되길 소원합니다.

20210418 출 7:8~8:15

《여호와와 같은 이가 없는 줄을 알게 하리니》

바로 앞으로 나가 이적을 보입니다. 그러나 마음이 완악한 바로는 모세와 아론의 말을 듣지 않습니다.

이제 드디어 시작되는 열 재앙.

바로의 완악함을 도구 삼아 하나님은 하나님의 하나님 되심을 드러내시기 시작합니다. 그들이 떠받들던 나일강도, 개구리(여신)도, 하나님의 손아래, 하나님의 능력 아래 통제되는 피조물일 뿐입니다. 열 재앙이 계속되며 드러나는 한 가지,

"여호와와 같은 이가 없는 줄을 알게 하리니~(출 8:10)"

그렇습니다.

바로도, 애굽도, 이스라엘도, 어쩜 모세와 아론도 그리고 온 땅의 사람들도 그리고 나도…….

그 사실을 깨닫게 됩니다.

그 어느 것도 의지할 대상이 되지 못하며 그 어느 것도 하나님의 통제 아래 없는 것이 없음을 시인하게 됩니다. 그러면서도 미련을 버리지 못하고 붙잡고 있는 허상들이 있습니다.

열 재앙이 진행되며, 내 안에 자리 잡은 허상들도 깨어지길 기도합니다. 과연 하나님 한 분밖에 없음을 삶 속에서 시인하며 살게 되길 기도

합니다. 하나님의 구원과 완전한 승리를 누리며 살길 기도합니다. 애굽으로의 여정은 출애굽을 위한 것입니다. 세상의 권세를 무너뜨리고 하나님을 섬기는 우리의 본 모습을 회복해 가는 출애굽 과정이 되길, 여호와와 같은 이가 없는 줄을 알게 되는 묵상의 과정이 되길…. 예수님의 이름으로 기도드립니다. 아멘!!

20210419 출 8:16~32

《구별》

세 번째 재앙(이 재앙)은 처음 두 재앙과 다릅니다. 바로의 요술사들이 요술로 흉내 내지 못합니다. 진짜(하나님과 모세, 아론)와 가짜(바로와 요술사)가 구별되기 시작합니다.

"이는 하나님의 권능이니이다(19절)"라는 고백이 "우리는 가짜입니다."라고 시인하는 듯하게 들립니다.

네 번째 재앙(파리재앙) 역시 또 다릅니다.

애굽과 고센이 구별됩니다.

진짜(하나님의 백성)와 가짜(이방인)가 구별됩니다.

모세와 바로의 협상 테이블은 진짜(신)와 가짜(신)를 구별하는 테이블이 되어 갑니다. 긴 랠리처럼 번복되는 협상의 과정을 통해 모든 이들이 '진짜 신'을 만나게 됩니다. 완악한 바로의 마음 덕분에 하나님이 누구이신지 드러나게 됩니다.

바로는 이미 진 싸움을 어리석게 이어 갑니다. 말 한대로 이루시는 진실한 신(하나님)과 거짓된 변덕의 신(바로)이 확연히 구별됩니다.

하나님은 우리를 구별하십니다. 그런데 우리는 과연 그 구별됨을 드러내고 있나 싶습니다. 혹시 코로나는 우리의 신앙을 구별하는 잣대는

아닌가 싶습니다.

'그냥 온라인으로 (예배) 드리지 그래?
온라인인데 시간을 어기면 어때?
녹화한 거 보면 되지??
어차피 영상인데 예배 한 번 빠지면 어때서??'

가짜가 자꾸 협상 테이블에 나옵니다.

너무도 쉽게 타협하고 있는 건 아닌가 싶습니다. 생계를 위해 출근은 어쩔 수 없다고 하면서 생명을 위한 예배는 왜 사수를 안 하는 건지….

모세와 아론은 바로와 타협하지 않습니다. 타협할 이유가 없습니다. 이스라엘 백성은 애굽 백성이 아니라 하나님의 백성이기 때문입니다. 열 재앙을 통해 분명히 구별되어집니다.

코로나뿐만 아니라 다른 어떤 상황이 오더라도 하나님의 구별된 백성으로 더욱 신앙이 분명해지길 기도합니다. 머뭇머뭇하는 신앙의 모습을 버리고 구별된 모습으로 예배가 회복되길 기도합니다. 코로나의 진짜 재앙(구별되는/가려내는)에 넘어지지 않기를 기도합니다.

20210420 출 9:1~12

《heart was hard/완악함》

그분은 피조물을 다스릴 뿐만 아니라 생명도 주관하시며 시간도 운용하십니다. 점점 더 강하게 하나님의 손(권능)이 애굽에 임합니다. 그러나 바로의 마음은 완강합니다. 너무도 딱딱해져 버린 그의 마음은 죄도 없는 가축들이 죽어 나가는데도 꼼짝도 하지 않습니다. 애굽의 모든 가축은 죽었으나 이스라엘의 가축은 하나도 죽지 않음을 확인하고도 자신이 어떻게 해야 할지 알지 못합니다. 그런 바로를 하나님은 그냥 내버려 두십니다. 이미 바로는 하나님의 심판을 철저히 받고 있습니다.

악성 종기가 애굽인들을 괴롭힙니다. 바로의 신하, 요술사들도 자신들의 괴로움을 해결할 길이 없습니다. 왕 앞에 설 수조차 없이 망가져 버립니다. 그런데도 바로의 완악함은 요지부동입니다.

Pharaohs heart was hard…….

사람의 완악함이 이리도 무섭습니다.

분명 한계에 달했음을 알면서도,

분명 패배했음을 알면서도 인정하지 않습니다.

버티고, 버티고, 망가질 대로 망가지고,

나의 완악함 때문에 모두가 힘들어지는데도 돌이키질(회개하지) 않

습니다.

하나님 앞에 빨리 항복함이 은혜임을 알고 있습니다. 그러면서도 슬며시 거리를 둘 때가 많습니다.

"아담아 네가 어디 있느냐~~" 하고 불렀듯이,

"주영아~~" 하고 부르시는데 못 들은 체하고 딴청을 피우며 회피합니다.

하나님 우리의 마음을 만지소서.

딱딱한 마음을 부드럽게 하사 하나님의 뜻이 잘 심기고 열매 맺기에 합당한 땅으로 기경하소서.

하나님의 음성 앞에 무릎 꿇고 두 손 들고 하나님을 의지함으로 나아가게 하소서.

생명도, 시간도, 나의 모든 괴로움도, 하나님의 주권 앞에 내어놓게 하소서.

하나님의 손을 바라보며 하나님의 권능 아래 잠잠하게 하소서.

부드럽고 선함으로 하나님의 뜻을 품어 내게 하소서.

그런 은혜가 있기를 구하며 예수님의 이름으로 기도드립니다. 아멘!!

20210421 출 9:13~35

《재앙 중에 피할 길》

오늘은 재앙을 내리시는 하나님의 의도와 재앙 속에 있는 하나님의 본심이 드러납니다.

재앙의 의도는 이렇습니다.

"내가 이번에는 모든 재앙을 너와 네 신하와 네 백성에게 내려 온 천하에 나와 같은 자가 없음을 네가 알게 하리라; 내가 너를 세웠음은 나의 능력을 네게 보이고 내 이름이 온 천하에 전파되게 하려 하였음이니라(14절, 16절)"

이번에는 가축이 아닌 사람의 생명도 위협하는 재앙입니다. 그래서인지 하나님은 미리 피할 길을 알리십니다. 내일 무거운 우박이 있을 것이며 들에 있는 사람이나 짐승은 모두 죽으리라 경고하십니다. 그리고 집에 들이라 하십니다. 여호와의 말씀을 두려워하는 자는 순종하여 건짐을 받습니다. 그러나 여호와의 말씀을 마음에 두지 않은 사람은 재앙을 당합니다.

그렇습니다.

악인도 멸하기를 즐기지 않으시는 하나님입니다. 이스라엘 백성의 땅과 애굽 땅을 구별하셨지만, 하나님의 말씀을 마음에 두고 하나님을

두려워하는 애굽 백성도 하나님은 구별하셨습니다.

상상도 못한 재앙들을 당하며 바로는 처음으로 자신의 죄악을 인정했지만, 재앙이 그치자 금세 딴소리합니다. 그와 그의 신하들의 완악함은 여전합니다. 완악한 그의 마음과 재앙 중에도 피할 길을 주시는 하나님의 마음이 극명합니다. 자신은 해를 입지 않았다고 상관하지 않다가 자신에게 해가 오자 뉘우치는 시늉을 하고 금세 딴소리하는 무자비하고 이기적인 그와 택하신 민족은 아니지만, 생명을 건지시기 위해 예고하시며 피할 길을 주시는 자비와 인자의 하나님이 너무나 비교됩니다.

재앙 중에 피할 길을 주시는 하나님.

하나님의 말씀을 허투루 듣지 않아야겠습니다.

생명을 존중하고 사랑하시는 하나님의 사랑을 깊이 새겨야겠습니다. 참된 신이 누구인지, 누구의 말을 들을 것인지, 똑바로 보고 분별해야겠습니다.

모세는 더 이상 낙심하지 않습니다.

하나님을 알아 갑니다.

우리가 낙심하지 않을 이유입니다.

하나님의 말씀에 귀 기울이고 붙들면 됩니다.

재앙 중에도 사랑을 베푸시는 하나님!!

그 은혜가 감사한 저녁입니다….

20210423 출 10:1~29

《바로의 모습 속에서》

메뚜기의 출현으로 인하여 남아 있던 곡식마저 피해를 본 뒤에야 살 소망이 끊어짐을 직시하게 됩니다. 그러나 메뚜기 떼가 멸한 것을 알게 됨과 동시에 바로의 마음은 다시 굳어집니다.

우리 역시 살 소망이 끊어진 후에야 하나님 앞에 납작 엎드렸다가 또 다시 뭔가 비빌 언덕이 생기면 다시금 솟아오르는 자아를 경험합니다. 하나님의 일하심을 보며 하나님의 하나님 되심을 경험하지만, 그렇다고 내가 변화되는 것은 아니라는 걸 새삼 느끼게 됩니다. 죄의 어둠 속에서 더듬을 수밖에 없는 인생입니다. 주님이 없는 세상(십자가)은 태양도 빛을 잃을 수밖에 없었습니다. 어둠의 시간(심판)이 지나 참 빛(구원)의 시간이 찾아옵니다. 어둠을 경험하고도 빛을 거부하는 어리석은 바로가 되지 않기를 간절히 구하게 됩니다.

고센을 구별하신 빛이 있음을 기억합니다.

우리에게 허락하신 그 빛(예수님)으로 소망을 얻게 됩니다.

바로의 모습 속에 보이는 나의 모습이 주님의 빛으로 정리되게 하소서.

강한 빛으로 나의 어둠을 몰아내소서.

주님의 빛이 그대로 전해지도록 투명하고 깨끗한 창이 되게 하소서.

더 이상 어둠 속에서 나의 죄를 숨기려 하지 말고 강한 빛으로 어둠

을 드러내고 몰아내는 용기를 갖게 하소서.

진한 어둠 속에 빛이 더 선명하듯 선명한 그리스도인의 정체성을 드러내게 하소서.

주님의 빛으로 세상을 비추이게 하소서….

20210424 출 11:1~10

《최후통첩》

드디어 마지막 재앙이 선포됩니다.

모세는 애굽 사람들의 눈에 위대하게 보입니다. 이스라엘 백성에게는 출애굽을 준비하게 하였고 바로에게는 최후통첩, 장자의 재앙을 알립니다. 쭈뼛거리던 모세의 모습은 사라지고 최후통첩을 날리는 이스라엘의 지도자로 우뚝 섭니다.

"왕의 이 모든 신하가 내게 내려와 내게 절하며 이르기를 너와 너를 따르는 온 백성은 나가라 한 후에야 내가 나가리라(8절)"

완전한 역전입니다.

이스라엘 부르짖음이 애굽의 부르짖음으로 바뀝니다. 무시 받던 이스라엘 백성이 은혜를 받습니다. 애굽은 죽음의 그림자가 드리우지만, 이스라엘은 하나님의 샬롬이 임합니다.

이스라엘의 출애굽은 사백여 년 전 아브라함 때부터 아니, 창세 전부터 예정되었던 하나님의 계획입니다. 아무도 막을 수 없는 구원입니다. 그런데도 갈 데까지 가고서야 두 손을 드는 완악함과 교만이 우리 마음에 얼마나 많은지요. 그런 우리를 긍휼히 여기시고 끝까지 사랑하시는 하나님이십니다. 우리를 구원코자 십자가를 계획하시고 이루신

하나님이십니다. 우리에게 바로를 보이심은, 그렇게 마음을 완악하게 하지 말라고… 구원의 날은 정해졌다고….

'출애굽을 준비할 하나님의 백성이 될 것인가,
통곡의 시간을 맞을 세상의 백성이 될 것인가.'

우리에게 선택하라고 최후통첩을 날리시는 듯합니다.

20210425 출 12:1~20

《준비》

유월절과 무교절을 준비하게 하십니다. 아직 장자의 재앙이 시작되지 않았습니다. 그러나 장자의 재앙이 시작됨을 믿고 준비해야 합니다. 유월절 어린 양을 잡고, 그 어린 양의 피를, 양을 먹을 집 좌우 문설주와 인방에 바르고, 불에 구워 먹으라 합니다. 쓴 나물과 아울러 먹고, 머리와 다리 내장 모두 불에 구워 먹으며, 남은 것은 불사르라 합니다. 먹을 때는 허리에 띠를 띠고, 발에 신을 신고, 손에 지팡이를 잡고, 급히 먹으라 합니다. 언제라도 바로 출애굽을 할 수 있게 준비시킵니다. 그리고 그 후 이레 동안 무교병을 먹게 합니다.

명령이 매우 급하게 느껴집니다. 그러나 철저한 순종으로 준비됩니다.

이전에 없던 유월절입니다.

아홉 가지의 재앙이 진행됨을 통해 이스라엘 백성은 장자의 재앙이 반드시 이루어질 것을 믿었습니다. 그러기에 모세의 명령을 귀 기울여 지켜 준비합니다.

유월의 표적, 어린 양의 피가 준비됩니다.

누룩을 넣지 않은 무교병이 준비됩니다.

우리에겐 십자가의 피가 주어졌습니다.

우리의 마음에, 우리의 삶에, 흔적으로 그 피가 발리어야 합니다.

급히 올 심판의 날,

그 표적을 보신다고 하십니다.

위선과 외식이 없는 순전한 마음을 보신다고 하십니다.

슬기로운 여인처럼 준비하라 하십니다.

언제인지는 모르나 속히 올 거라 하십니다.

믿음과 순종으로 준비했던 그 옛날 이스라엘 백성처럼 우리도 믿음과 순종으로 그날을 준비해야겠습니다.

그날은 분명히 올 테니까요…….

20210426 출 12:21~36

《지키라, 가르치라》

지인들과 암송을 시작하게 되었다.

첫 암송은 '쉐마(신 6:4~9)'이다.

"이스라엘아 들으라 우리 하나님 여호와는…."

이스라엘 백성들은 토라를 외우면서 큰다. 오늘의 본문 역시 그들은 달달 외우며 컸을 것이다. 유월절을 지내는 방법, 유월절의 의미, 유월절에 행하신 일…….

"집에 앉았을 때에든지 길을 갈 때에든지 누워 있을 때에든지 일어날 때에든지…."

Passover의 기억, 은혜, 그날의 긴장감…. 그러나 성경을 읽다 보면 생각만큼 유월절이 잘 지켜지지 않았음을 알게 된다.

그런 큰 구원이 있었는데,

그렇게 토라를 외우는데….

하나님은 말씀하신다.

유월절을 지키라! 유월절을 가르치라!

명령이다.

분명히 전수해야 할 신앙이다.

다행히 요즘 우리 아이들이 꾸준히 큐티를 하고 있다. 처음에는 교회에서 하는 숙제 정도로 했었는데 같은 본문으로 큐티를 하다 보니 말씀을 같이 나누는 통로가 되고 있다. 신앙의 전수가 중요하다는 걸 알면서도 꾸준히 아이들에게 말씀을 가르치고 심기가 쉽지 않았다. 가정예배도 번번이 실패하고….

사실 공부에 우선순위를 두다 보니 신앙교육이 뒤로 밀리기 일쑤였다. 그런데 큐티를 하면서 자연스레 성경 이야기를 하게 되고 하나님을 이야기하게 되어 감사하다.

큰 구원이 있었다.

하나님은 유월절 의식을 통해 그날의 하나님께서 지금도 Passover의 은혜로 우리와 함께하심을 알길 원하신다. 악에서 건지시며 쉴 만한 물가로 인도하시는 하나님을 신뢰하길 원하신다. 자손 대대가 그렇게 믿음을 전수하며 하나님의 복을 누리길 원하신다. 지킴과 가르침을 통해 믿음의 자손이 번성하길 원하신다.

마음을 다하고 뜻을 다하고 힘을 다하여 하나님을 사랑하고, 하나님의 율례와 계명, 규례를 지키고 가르치는 의무를 잘 이행하는 내가 되길…… 기도합니다.

20210427 출 12:37~51

《出애굽》

"이스라엘 자손이 애굽에서 거주한 지 사백삼십 년이라. 사백삼십 년이 끝나는 그날에 여호와의 군대가 다 애굽 땅에서 나왔은즉…(출 12:40~41)"

하나님의 약속(창 15:13)이 신실히 지켜짐이 증명되는 날이다. 믿음으로 야곱은 가나안 땅에 묻혔다. 다시 회귀할 것을 소망한 요셉은 자신의 유골을 후손에게 부탁했다. 애굽에 살았지만 애굽이 아닌 하나님께 속한 믿음의 조상들이다. 그들의 믿음대로, 그들의 소망대로 430년이 지난 후 드디어 出애굽의 날이 왔다.

급히 쫓겨났지만, 그들을 미리 준비시킨 하나님은 애굽 백성에게 은혜(은, 금, 패물 등)를 입게 하였고 무교병을 가졌으며 떠날 채비를 모두 갖추고 출애굽을 하였다. 장정이 육십만 가량, 그리고 수많은 잡족들과 양과 소, 심히 많은 가축이 함께하였다. 이 역사적인 밤을 '여호와의 밤'으로 기록한다. 유월절 규례를 통해 그날을 기념한다. 할례라는 구별됨을 통해 거류인도 타국인도 믿음의 공동체로 속하게 된다. 비록 아직 오합지졸이긴 하나 '여호와의 군대'가 되어 약속의 땅을 정복하기 위해 나서게 된다. 출애굽을 통해 친히 싸우시며 승리하시는 하나님을

만나게 된다.

유월절의 규례는 엄격하다.

이는 여호와의 밤,

거룩의 싸움이며 구별의 싸움이다.

순종의 싸움이며 믿음의 싸움이다.

430년과 맞바꾸는 하룻밤의 싸움이며 죽음과 생이 갈리는 싸움이다. 외출하듯 잠시 다녀오는 출애굽이 아니다. 완전한 이별, 끊어 냄이며 돌아서지 않는 출애굽이다. 십자가의 단절 같은 완전한 죽음이요 완전한 부활이며 완전한 승리를 취하는 출애굽이다. 우리의 구원이 취소되지 않는 완벽한 증거이다.

출애굽을 준비하신 하나님의 세심함이 드러난다. 모리아산에서 숫양을 준비하셨던 이레의 하나님은 유월절을 철저히 준비케 하신다. 430년 전 이 출애굽을 준비하셨던 하나님께서 이 유월절 규례를 통해 십자가를 준비하신다. 우리의 출애굽을 위해 지금도 준비하고 계실 것이다.

이스라엘 백성이 출애굽을 위해 한 것은 단 하나, 순종이었다.

"왜 그렇게 해야 하나요??" 하고 묻지 않았다.

여호와께서 모세와 아론에게 명령하신 대로 행했을 뿐이다. 그렇다면 우리의 출애굽의 준비도 '순종', 단 하나일 것이다.

완전한 출애굽을 꿈꾸며, 오늘도 말씀을 가까이하며 순종의 마음을 결단해 본다.

20210428 출 13:1~22

《당부》

유월절에 관한 이야기가 길게 이어진다.

그만큼 중요하다는 이야기일 것이다.

몇 번이고 되풀이되어 강조할 만큼 잊지 않고 지켜야 할 유월절이다.

하나님의 당부는 분명하다.

이스라엘의 역사를 돌아봐도 유월절을 지킨 왕과 그렇지 않은 왕들의 형통이 극명히 드러난다. 유월절 규례와 함께 초태생에 대한 하나님의 당부가 있다. 초태생은 하나님의 것이다. 사람이나 짐승을 막론하고 다 거룩히 구별하여 돌리라고 하신다. 이는 여호와의 밤에 장자를 살리신 일에 대한 기억을 돋우기 위해서일 것이다. 구별함으로 그 날을 기억하고 전했을 것이다.

요셉은 후손에게 당부했다.

"하나님이 반드시 너희를 찾아오시리니 너희는 내 유골을 여기서 가지고 나가라(19절)" 과연 하나님과 소통했넌 사람답다. 그 누구보다 애굽에 오래 거주했고 애굽의 녹을 먹었고 애굽을 잘 아는 자였지만 그는 애굽인이 아닌 오리지널 이스라엘, 하나님의 백성이었다. 그 정체성을 잃지 않았기에 그 애굽에서도 구별되이 살았고 악을 선으로 갚았으며 다시 돌아갈 약속의 땅을 소망하며 살았다. (하나님과 소통하는 사람은 반드시 이루어질 약속을 멀리까지 바라보는 혜안이 있다.)

그의 당부가 오늘 이루어진다.

하나님의 세심함이 광야길 인도함으로 드러난다. 전쟁에 마음이 약해질 이스라엘 백성들을 위해 빠른 길 대신 광야로 이끄신다. 낮에는 구름 기둥으로, 밤에는 불기둥으로 앞서 인도하신다. 구름 기둥과 불기둥은 하나님의 임재하심이 드러나는 표이며 열 재앙을 주관하신 하나님이 함께하심을 기억하라는 시각적인 당부처럼 느껴진다.

매번 말씀 시간마다 십자가를 이야기하는 이유도 이 때문일 것이다.

아무리 해도 지나치지 않는 당부이다.

끊임없이 이야기해야 할 당부이다.

하나님의 강권적인 은혜.

우리의 모습이 아닌 하나님의 계획 안에 이루어진 구원.

구름 기둥과 불기둥을 바라보며 광야 길을 걸어간 그들처럼 우리도 우리를 안내하는 성경을 붙들고 걸어가야 할 것이다. 아이들에게 또는 이웃에게 그토록 당부하신 하나님의 구원을 이야기하며, 기념하며, 임재하시는 말씀과 함께 당부해 나가야 할 것이다.

오늘도 하나님은 수많은 기억장치를 사용하여 당부하신다.

"나는 너를 애굽 땅, 종 되었던 집에서 인도하여 낸 네 하나님 여호와니라(출 20:2)"

20210430 출 14:1~31

《막다른 곳에서》

하나님께서 갑자기 방향전환을 시키십니다.

바알스본 맞은편 바닷가에 장막을 치게 하십니다.

알 수 없는 명령, 알 수 없는 하나님의 계획입니다.

그러나 하나님의 명령대로 순종하여 나아갑니다.

그런데 갑자기 애굽 군대가 들이닥칩니다.

하나님의 명령으로 장막을 쳤는데 장막을 치고 보니 막다른 골목입니다.

진퇴양난의 상황에 옛 기질(노예의 근성)이 올라옵니다.

하나님의 인도하심에 의심이 생깁니다.

그런 상황 가운데 모세의 행동이 눈에 띕니다.

"너희는 두려워하지 말고 가만히 서서 여호와께서 오늘 너희를 위하여 행하시는 구원을 보라…… 너희는 가만히 있을지니라(출 14:13~14)"

와우!!

모세가 이리도 담대했었나 싶습니다.

리더가 변했습니다.

분명 막다른 곳, 진퇴양난의 상황, 다른 수가 없어 보이는데 이리도 당당히 외칩니다. 그리고 여호와의 명령을 받고 바다를 향해 나아갑니다. 그때 역사가 일어납니다.

말도 안 되는 상황, 말도 안 되는 명령, 말도 안 되는 기적이 막다른 곳에서 펼쳐집니다.

우리와 차원이 다른 하나님을 거기서(막다른 곳) 만납니다.

십자가가 그런 곳이었습니다.

더 이상 소망이 없는, 답이 없는, 끝인, 인생의 막다른 곳입니다. 제자들이 돌아서야만 했던 십자가는 더 이상 갈 곳 없는 막다른 곳이었습니다. 그러나 그 죽음을 뚫어내는 엄청난 일이 벌어집니다. 우리와 차원이 다른 정도가 아닌 비교 불가의, 예측 불가의 신비가 담긴 곳이 됩니다. 믿음 없이는, 순종 없이는 절대 갈 수 없는 길이 됩니다.

이스라엘 백성이 홍해를 건넌 것은 그들의 신앙이라기보다는 하나님의 강권적인 은혜입니다. 참된 리더를 바라보고 따른 결과입니다. 죽음의 강처럼 보이는 홍해를, 하나님의 능력을 바라보며 건너는 것입니다.

우리의 구원도 그런 강권적인 은혜입니다.

참 리더(예수님)를 바라보고 따른다면 죽음이 끝인 것 같은 십자가에서 부활을 경험하게 될 것입니다. 그저 하나님께 시선을 고정하면 막다른 곳에서 차원이 다른 예측 불가의 기적으로 우리는 구원의 반열에 오르게 될 것입니다.

막다른 곳으로 몰아가심은 우리를 구원하기 위함이요,

하나님의 능력을 경험하기 위함이요, 참 리더를 따르게 하기 위함입니다. 잘못된 리더를 따르던 애굽 군대는 같은 바다에서 수장되고 맙니다.

막다른 곳이 문제가 아니라 무엇을 보고 무엇을 따르느냐가 중요함을 알게 합니다.

막다른 곳이라 느껴질 때 하나님의 손을 바라보게 하소서.

가만히 하나님의 구원을 기다리게 하소서.

하나님의 명령 따라 참 리더의 지시 따라 행하게 하소서.

상상도 못한 길을 내시며 인도하실 하나님의 능력을 경험하게 하소서.

나의 믿음보다 더 크신 하나님의 구원을 찬양하며 하나님을 경외하게 하소서.

https://m.blog.naver.com/jyson026

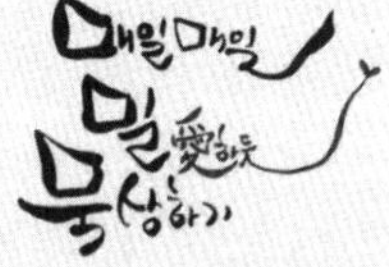
매일매일
밀愛하듯
묵상하기

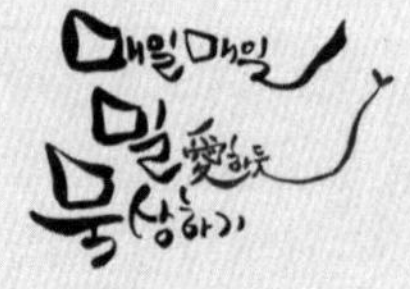

때론 절제되고 함축된 언어를 선택하는 과정을 통해

깊은 묵상에 들어서기도 한다.

묵상의 형식은 중요하지 않은 것 같다.

매일 하나님과 사랑의 교제를 하고 있느냐가 중요하다.

그래서 난 매밀묵에 도전한다.

IV

묵상시

다윗의 싸움

골리앗과의 싸움
맹수와의 싸움
영혼의 싸움

하나님의 이름으로 싸움
하나님을 믿음으로 싸움
하나님의 이름 위해 싸움

죽을지언정 싸움
죽을 각오로 싸움
죽기까지 싸움

다윗의 싸움은 하나님의 싸움이었고
다윗은 하나님께서 건져 주셨다

다윗을 건져 주신 하나님은
우리를 위한 싸움에서 승리하기 위해
십자가에 자신을 던지셨다……

가야바의 뜰

가야바의 뜰,
심문받으시는 예수님
거짓 증거에 침묵으로 대응하십니다
하나님의 아들이냐는 진실에 대해서만 인정하십니다
소란스러운 가야바의 뜰과는 다르게 주님의 마음은 고요합니다
조롱과 핍박에도 흔들림이 없습니다

가야바의 뜰,
멀찍이 서 있는 베드로
예수의 제자가 아니냐는 질문에 화들짝 놀라며 부인합니다
세 번의 질문,
세 번의 부인,
그의 마음은 가야바의 뜰 만큼이나 소란스럽습니다

가야바의 뜰,
진실과 거짓이 뒤섞인 카오스의 공간입니다
마치 창세 전 그 혼돈의 장소 같습니다

진리가 사라진 마음의 뜰은 가야바의 뜰과 같습니다
예수님을 모시지 않는 마음,
예수님을 부인하는 마음,
혼돈과 거짓투성이의 카오스의 공간이 되고 맙니다

가야바의 뜰에서 내 마음을 살핍니다
예수님을 모신 코스모스의 공간인지~~
아직도 나의 의가 앞서서 온전히 주님을 모시지 못해 조그마한 어려움에도 흔들리는 카오스의 공간인지~~

닭이 웁니다
주님의 사인이 가야바의 뜰을 채웁니다
회개의 기회가 옵니다
혼란의 공간에 울려 퍼지는 구원의 소리

가야바의 뜰 같은 제 마음에 구원의 소리를 울리소서

충만

새에겐 하늘이
물고기에겐 바다가
별에겐 우주가
태아에겐 자궁이
아이에겐 엄마 품이
우리에겐 그분이 '충만'이다

아무리 날아도 끝이 없고
아무리 헤엄쳐도 다 가 볼 수 없고
아무리 빛을 발해도 끝까지 비출 수 없으며
주먹만한 공간이라 할지라도 때가 차기까지 부족함이 없다
무한의 사랑, 무한의 기다림, 무한의 공급이다

일부분 일지라도 충분히 누릴 수 있으며
일부분 일지라도 충분히 넉넉하다
그 광대함에 덮혀 둘러싸임조차 잊는다

온전히 덮고도 남는 것
맘껏 누려도 남는 것
아무리 사용해도 닳아지지 않는,
크고도 큰 그분의 베풂
'충만'은 그런 것이다

충만케 하는 충만

바다!!
바닷속 깊은 곳,
그곳의 아름다움을 보려면 그곳의 압력과 숨 참는 고통을 감수해야 한다
나의 숨 고르기론 감당할 수 없어, 때론 산소통을 의지한다
그러나, 바다 안의 피조물들은
바다의 일부이기에 평화로이 바다의 아름다움에 참여한다
충만한 세계에 빠져든 피조물은 아름답다

예수님의 그 충만!!
그 깊은 곳을 맛보려니 지금의 숨쉬기, 숨 고르기론 그 속에 들어갈 수 없다
나의 숨을 거두고 성령님의 호흡을 의지한다
십자가의 압력을 감당하고 그의 영광의 아름다움으로 들어간다
예수의 일부가 되고 싶다
예수의 일부로 유유히 예수를 누리는,
예수 안의 아름다운 피조물이 되고 싶다

어우러짐

시 133:1~3

1. 보라 형제가 연합하여 동거함이 어찌 그리 선하고 아름다운고 2. 머
리에 있는 보배로운 기름이 수염 곧 아론의 수염에 흘러서 그의 옷깃까
지 내림 같고 3. 헐몬의 이슬이 시온의 산들에 내림 같도다 거기서 여호
와께서 복을 명령하셨나니 곧 영생이로다

창조의 어우러짐은 Good을 낳았다
피조물들의 어우러짐은 에덴의 샬롬을 낳았다
사람과 사탄의 어우러짐은 죄를 낳았으나
하나님은 사람과 사람을 어우러지게 하여 새로운 생명을 낳게 하셨다
하나님의 언약은 무지개의 어우러짐으로 증표 삼으시고
아브라함은 믿음과 순종의 어우러짐을 모리아 산에서 보여 주었다
이스라엘과 어린 양의 어우러짐 속에 passover하게 하셨고 광야를 거
쳐 가나안으로 초대한다
구약과 신약의 어우러짐은 예수 그리스도를,
사랑의 어우러짐 속에 십자가를 낳았다
물과 피의 어우러짐 속에 하늘과 땅의 경계를 잇는 아름다운 십자가
bridge를 낳았으며 우리를 생명으로 초대한다

다윗은 성전에 올라가며 형제의 어우러짐을 본다
하늘과 땅의 어우러짐을 보며 찬양이 터져 나온다
성령의 기름과 헐몬의 이슬은 함께 어우러져 아름다운 마블링이 된다
창조 때처럼 Good (선하고 아름다운)을 낳는다
각기 다르게 빚어졌지만 하나의 샬롬을 낳는다
하나님의 부으심이 죄를 누르고 생명의 이슬로 풍성하게 한다
성전에서의 어우러짐을 이루신 보혈이 오늘도 우리를 축복으로 초대한다
하나님과 어우러지는 그 생명의 나라로 초대한다

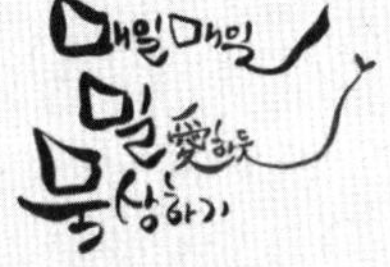
매일매일
밀愛하듯
묵상하기

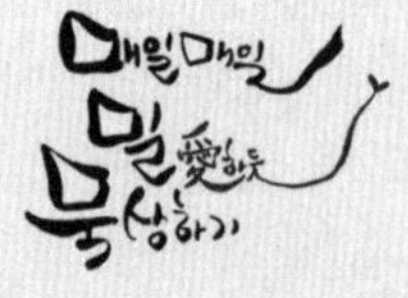

올해 팔순이 되시는 우리 아버지는 은퇴(목회) 후
봉사단체(쉼터, 호스피스)를 통해 지금도 (말씀) 사역을 하신다.
두 편의 설교 문을 통해 아빠의 복음을 엿보게 된다.
두 편의 설교는 '예수의 길'을 걸으신 아빠의 인생관이 담겨 있는 듯하다.
평생 '삶의 예배'로 무언의 가르침을 주신 아빠를 나는 존경한다.
그런 육의 아버지를 만나는 축복을 주신 영의 아버지 하나님께 감사드린다.

기독교 교육을 전공하신 엄마는 불타는 성령의 소유자이며 소녀의 감성을
지니신 아름다운 분이시다. 어릴 적부터 남을 도울 때면 신이 났다는
엄마는 '긍휼'의 마음으로 성도님들의 형편을 살피며 기도와 섬김을 하셨고
지금도 식지 않는 '열정'으로 아빠와 함께 호스피스 봉사를 하고 계신다.

아빠의 설교문 두 편과 함께 호스피스 소식지에 실렸던
엄마의 글을 수록해 본다. 부모님의 귀한 믿음의
유산이 나와 우리 가족, 그리고 후손에게 전해지길……
간절히 기도드립니다…….

V

부록(부모님의 글)

설교문 1

죽음도 복음이다

계 14:13

13. 또 내가 들으니 하늘에서 음성이 나서 이르되 기록하라 지금 이후로 주 안에서 죽는 자들은 복이 있도다 하시매 성령이 이르시되 그러하다 그들이 수고를 그치고 쉬리니 이는 그들의 행한 일이 따름이라 하시더라

우리 기독교는 십자가의 종교요, 구원의 종교이다(고전 1:18). 십자가는 죽음이요 구원은 생명으로서 죽지만 사는 것이다. 예수님은 친히 "나는 부활이요 생명이니 나를 믿는 자는 죽어도 살겠고 무릇 살아서 나를 믿는 자는 영원히 죽지 아니하리니(요 11:25~26)"라고 말씀하셨다.

부활이요 생명 되신 예수 그리스도를 구주로 믿는 자들은 멸망치 않고 영생을 얻는다(요 3:16, 행 16:31)고 하였다. 그런데 세상 만인들은 말할 것도 없고 예수님을 믿고 산다는 기독교인 중에도 구원, 부활, 영생에 대한 확신을 갖지 못한 채 하나의 허구로 인식하여 넘기는 경우도 허다하다. 만약 우리들 신앙에 구원관이 불확실하다면 그보다 불행한 일은 없는 것이다.

먼저 오늘 본문 말씀의 배경은 성도들에 대한 격려와 공의로운 하

나님의 심판으로써 고진감래, 전화위복의 말씀이 아닐 수 없다. 즉, 온갖 핍박, 박해, 압박, 추격으로 고난받은 성도들께 앞으로 있을 하나님의 공의로운 심판을 미리 계시해 주심으로 위로와 격려가 되는 내용이다. 구원의 상징인 14만 4천 명이 시온 산에서 찬미하는 환상이 끝나고 세 천사의 환상이 이어지는데 그 첫째 천사는 하나님을 경배하고 영광을 돌리라 외치고 두 번째 천사는 큰 성 바빌론의 멸망을 예언한다. 그리고 세 번째 천사는 믿음을 배반하고 짐승에게 절한 자들의 심판과 멸망을 말한다. 아울러 짐승의 핍박과 유혹 속에서도 꾸준한 믿음의 인내로 하나님의 계명과 예수님을 믿는 믿음을 포기하지 않고 신실함을 견지한 성도들을 권고하고 신앙의 지조를 지키다가 세상을 떠난 순교자들에 대한 복을 보증했으니, 이제는 짐승의 공격으로부터 벗어나 참 안식을 누리게 되며 예수 그리스도를 믿는 믿음의 수고가 헛되지 않고, 죽음 후에도 예수 그리스도에 의하여 길이 기억되는 것이다. 예수 그리스도를 믿는 믿음 안에서 죽은 자들은 복된 것이라는 진리의 말씀이다.

'죽음'에 대해 어떻게 생각하는가? 보편적으로 죽음은 끝이라고 생각한다. 죽음에 대한 이해를 간단히 소개하면 유교의 기의 승취 과정에서 정기신(精氣神)이 생겨 그 결합체인 혼백이 일정 기간 존속하다가 그 기운이 다하면 혼은 양으로서 하늘로 가고 백은 음으로서 땅으로 돌아가는 것이 죽음이라고 이해하고 있다. 불교와 힌두교의 경우 한 존재에서 다른 존재로 계속 전생하여 처음도 끝도 없는 다른 육체로 환생된다고 믿는다. 도교는 죽음에 초연하는데, 단지 자연 변화의 일부로서 도에 의하여 지배된다고 믿는다.

우리 한국 사회에서 죽음 문화는 혐오스럽고 재수 없고 기분 나쁜 것이다. 그래서 죽음에 관한 이야기는 미친 소리요, 터부시 여길 뿐 생각하고 싶지 않은 것이다. 죽음에 대한 것은 남의 것으로만 일축하고 자신에 대해서는 오직 늙지 않고 죽지 않는 것만 생각한다. 그래서 우리 주변 삶의 현장은 건강 음식으로 무공해, 항암, 웰빙을 찾아 몸부림치고 대중가요 노래를 부르는 것도 모두 늙지 않고 죽지 않겠다는 내용들이다. 이러한 삶의 현장 분위기를 불로초와 불사약을 찾던 진시황이 환생한다면 무슨 말을 할까….

죽음은 죄의 값이다. 롬 5:12절에 "죄로 말미암아 사망이 들어왔나니~"라고 했다. 롬 6:23절은 "죄의 삯은 사망이요 하나님의 은사는 그리스도 예수 우리 주 안에 있는 영생이니라"고 하였다.

영육의 분리 나눔이다. 전 12:7절에 "흙은 여전히 땅으로 돌아가고 영은 그것을 주신 하나님께로 돌아간다"고 말했다. 약 2:26절에는 "영혼 없는 몸이 죽은 것"이라고 했다.

천국 지옥을 향한 시발점이다. 마 13:42~43절은 "불법사들은 풀무 불에 던져 넣으리니 거기서 울며 이를 갈게 되리라 그때 의인들은 자기 아버지 나라에서 해와 같이 빛나리라"고 했다.

주님께로 가는 관문이다. 롬 11:36절에는 "만물이 주께로 왔다가 주께로 감이라"고 했고, 히 9:27절에서는 "한 번 죽는 것은 사람에게 정해

진 것이요 그 후에는 심판이 있으리라"고 했다. 모두 다 죽는다. 이러한 죽음에 대하여 알아야 할 것이 있으니 죽음은 차례가 없으며 남녀노소 가리지 않고 때가 되면 죽는다는 것이다. 또한, 죽음은 가지고 가는 것이 없다. 세상에 둘도 없는 금은보화를 뒤로하고 가야 한다. 그리고 동행이나 유턴, 연습이 없다. 언제, 어디서, 어떻게 죽을지 전혀 모른다는 것이다. 아울러 우리 기독교의 죽음 이해에서 간과할 수 없는 아주 중요한 한 가지 사실은 죽음은 주님께로 가는 관문이라는 것이다.

죽음은 예수 그리스도 안에서 다시 사는 부활의 과정이다. 서두에서 말씀드린 것같이 요 11:25~26절에서 "나는 부활이요 생명이니 나를 믿는 자는 죽어도 살겠고 살아서 믿는 자는 영원히 죽지 아니하리라"고 예수님께서 말씀하셨고 하이델베르크 교리문답 42문의 답은 "성도들께 죽음은 영생으로 들어가는 관문"이라 했다.

사도바울은 고린도 교회 때문에 마음이 아프고 화가 났다. 교인 중에 예수 그리스도의 부활이 없다고 하는 이상한 교인들이 있었기 때문이다. 한국 교회 안에도 이상한 교인들이 있다고들 한다. 원불교 교인들이 많아지고 가나안 교인들이 있다는 것이다. 원망하고 불평하고 교만한 원불교 교인, 교회에 나가지 않는 가나안(거꾸로 안 나가) 교인……. 사도바울은 부활이 없다고 하는 고린도 교회를 향하여 "어찌 죽은 자 가운데 부활이 없다 하느냐! 만일 부활이 없으면 그리스도의 부활도 없고 그리스도의 부활이 없다면 우리가 한 전도, 믿음이 헛것이요 우리들은 모두 거짓 증인이요 여전히 죄 가운데 있고 그리스도 안에서 바라는 것이 이 세상 삶뿐이면 모든 사람 가운데 우리가 가장 불쌍한 자들이다 보라 예수 그리스도가 부활하셔서 잠자는 자들의 첫 열매가 되셨고 우리도 잠자지 않고 마지막 공중 나팔 소리에 순식간에 홀연히 다 변하여 죽은 자들이 썩지 않을 것으로 다시 살아나고 우리도 변화되리라"고 하였다. "사망아 너의 승리가 어디 있느냐 사망아 네가 쏘는 것이 어디 있느냐 사망이 쏘는 것은 죄요 죄의 권능은 율법이라 우리에게 승리를 주시는 하나님께 감사하노라(고전 15장)"고 했다. 열변을 토하며 부르짖었고, 다시 사신 예수님을 만난 그로서는 부활 신앙을 사수하기 위해 목숨 바쳐 일생을 보냈다. 예수님은 다시 사신 주님이실 뿐만 아니라, 공생애 중 세상에 계실 때 죽은 자를 다시 살리신 생명의 주님이시다. 요 11:41~44절에 "베다니의 나사로 그는 죽어 4일 되어 그 시신에서는 악취가 나는데도 예수께서 눈을 들어 우러러 보시고 이르시되 기도하신 후", 43절, "큰 소리로 나사로야 나오라 부르시니", 44절, "죽은 자가 수족을 베로 동인 채로 나오는데 그 얼굴은 수건에 싸였더라 예수께서 이르시되 풀어 놓아 다니게 하라 하시니라" 할렐루야!! 죽은 자를 다시 살리셨다.

마 9:23~26절 "회당장 야이로의 딸이 죽었을 때 죽은 것이 아니라 잔다"고 하셨으니 예수 그리스도 안에서는 죽는 것은 다시 사는 것뿐 아니라 잠자는 것이다. '잠자는 것'은 쉬는 것을 뜻한다. 삶의 수고를 마치고 편히 쉬는 안식이 예수 그리스도 안에서의 죽음이라는 것이다. 그리고 잠잘 때는 고통과 아픔을 잊는다.

계 21:4절, "모든 눈물을 그 눈에서 닦아주시니 다시는 사망이 없고 애통하는 것이나 곡하는 것이나 아픈 것이 다시 있지 아니하리니 처음

것들이 다 지나갔음이러라" 그리고 마지막 잠자는 것은 다음 시간을 위한 준비요, 충전의 시간인 것이다. 예수 그리스도 안에서 죽은 자들이 주님의 재림 때까지 신부로서의 준비를 다 하고 재림의 주님을 신랑으로 맞이하게 되는 것이다. 이렇게 믿음 안에서의 죽음을 여러 가지로 표현하기도 하고 하나님께서 성도들을 위해 예비하신 본향 집으로 이사한다 하기도 한다.

요 5:24절에는 "내가 진실로 진실로 너희에게 이르노니 내 말을 듣고 또 나 보내신 이를 믿는 자는 영생을 얻었고 심판에 이르지 아니하나니 사망에서 생명으로 옮겼느니라", 롬 10:9~10절, "네가 만일 네 입으로 예수를 주로 시인하며 또 하나님께서 그를 죽은 자 가운데서 살리신 것을 네 마음에 믿으면 구원을 받으리라 사람이 마음으로 믿어 의에 이르고 입으로 시인하여 구원에 이르느니라"고 했다. 고전 15:44절은 "육의 몸으로 심고 신령한 몸으로 다시 살아나나니 육의 몸이 있은즉 또 영의 몸도 있느니라"고 했다. 예수 그리스도 안에서 성도들의 죽음은 다시 사는 부활의 과정이다. 그래서 죽음도 영원한 우리의 복음이다. 할렐루야!!!

설교문 2

사랑의 계산법

몬 1:8~22

8. 이러므로 내가 그리스도 안에서 아주 담대하게 네게 마땅한 일로 명할 수도 있으나 9. 도리어 사랑으로써 간구하노라 나이가 많은 나 바울은 지금 또 예수 그리스도를 위하여 갇힌 자 되어 10. 갇힌 중에서 낳은 아들 오네시모를 위하여 네게 간구하노라 11. 그가 전에는 네게 무익하였으나 이제는 나와 네게 유익하므로 12. 네게 그를 돌려 보내노니 그는 내 심복이라 13. 그를 내게 머물러 있게 하여 내 복음을 위하여 갇힌 중에서 네 대신 나를 섬기게 하고자 하나 14. 다만 네 승낙이 없이는 내가 아무 것도 하기를 원하지 아니하노니 이는 너의 선한 일이 억지 같이 되지 아니하고 자의로 되게 하려 함이라 15. 아마 그가 잠시 떠나게 된 것은 너로 하여금 그를 영원히 두게 함이리니 16. 이 후로는 종과 같이 대하지 아니하고 종 이상으로 곧 사랑 받는 형제로 둘 자라 내게 특별히 그러하거든 하물며 육신과 주 안에서 상관된 네게랴 17. 그러므로 네가 나를 동역자로 알진대 그를 영접하기를 내게 하듯 하고 18. 그가 만일 네게 불의를 하였거나 네게 빚진 것이 있으면 그것을 내 앞으로 계산하라 19. 나 바울이 친필로 쓰노니 내가 갚으려니와 네가 이 외에 네 자신이 내게 빚진 것은 내가 말하지 아니하노라 20. 오 형제여 나로 주 안에서 너로 말미암아 기쁨을 얻게 하고 내 마음이 그리스도 안에서 평안하

게 하라 21. 나는 네가 순종할 것을 확신하므로 네게 썼노니 네가 내가 말한 것보다 더 행할 줄을 아노라 22. 오직 너는 나를 위하여 숙소를 마련하라 너희 기도로 내가 너희에게 나아갈 수 있기를 바라노라

빌레몬서는 달랑 한 장으로 쓰인 한 권의 성경입니다.

내용으로는 골로새 교회 교인인 빌레몬 가정에 노예로 있던 오네시모가 주인 재산에 큰 피해를 내고 도망하여 로마로 가게 됩니다. 로마에서 오네시모는 당시 로마 옥에 있는 사도바울을 만나 예수를 믿고 새사람으로 변화됩니다. 사도바울은 오네시모가 과거 빌레몬의 가정에서 노예였고 재산 피해를 내고 도망한 사실을 알게 되고, 사도바울은 아들 같은(믿음 안에서) 빌레몬에게 새사람이 된 오네시모를 보낼 것이니 지은 죄를 용서해 줄뿐더러 노예가 아닌 믿음의 형제로 받아 달라고 부탁합니다. 특별히 21절에서 "나는 네가 순종할 것을 확신하므로 네게 썼노니 네가 내가 말한 것보다 더 행할 줄을 아노라"라고 합니다. 여기 "더 행할 줄을 아노라"라는 말씀이 바로 '사랑의 계산법'인 것입니다.

요일 4:8, "하나님은 사랑이심이라", 롬 5:8, "그리스도께서 우리를 위하여 죽으심으로 하나님께서 우리에 대한 자기의 사랑을 확증하셨느니라", 마 22:37~40, "마음, 목숨, 뜻을 다하여 주 너의 하나님을 사랑하라 이것이 크고 첫째 되는 계명이요 둘째도 그와 같으니 네 이웃을 네 자신과 같이 사랑하라 하셨으니 이 두 계명이 온 율법과 선지자의 강령이니라", 요 13:34, "새 계명을 너희에게 주노니 서로 사랑하라", 요

일 4:11, "서로 사랑함이 마땅하니라", 갈 5:13~15, "서로 사랑의 종이 되라"고 성경은 교훈합니다. 하나님의, 계시의 말씀 성경은, 하나님의 사랑의 편지인 것입니다.

우리 기독교는 사랑의 종교입니다. 하나님도 예수님도 성령님도 율례와 법도, 계명도 모두 '사랑'이신 것입니다. 고전 13:13, "그런즉 믿음, 소망, 사랑, 이 세 가지는 항상 있을 것인데 그중에 제일은 사랑이라" 그렇다면 우리가 이 사랑을 해야 하는데, 우리가 행할 사랑은 어떠한 사랑인지 바로 알고 행해야 할 것입니다.

사랑에는 '에로스' 사랑 즉 이성 및 암수의 사랑이 있고, '스톨게'라는 혈족, 혈연의 사랑이 있고, '필리아'라는 우정 및 사회적 사랑 그리고 '필란드로피아'라는 자선 및 동정의 사랑이 있는데, 이들 사랑은 완벽하다고 말할 수 없고 불완전한 것들이기에 믿기 어렵고 영원하지도 않습니다. 하지만 자발적이요 능동적이요 적극, 절대, 희생, 무조건적이고 영원한 사랑이 있으니 '아가페' 사랑, 곧 하나님의 사랑이요 성경적 사랑이요 기독교적 사랑입니다.

바로 이 아가페 사랑으로 계산하라는 교훈이 본문의 내용입니다. 그런데 여기 '계산', 이 계산은 절충, 홍정, 타협할 수 없는, 정확 무오(無誤)한 법을 나타내는 수학적 용어입니다. 법정에서 법의 판결이 정확해야 하기에 저울이 법정의 상징인 것같이 말입니다. 어쩌면 구약의 율법 행위가 수학적 계산 같이 "눈은 눈, 이는 이~(출 21:22~27)" 등으로 하듯 말입니다. 그러나 아가페 하나님 사랑의 계산법은 다릅니다. 즉 "내가 네게 말한 것보다 더 잘 행할 줄 아노라", "더 행할 줄"… 이것은 수학적 계산으로 따지고 재 보고 맞춰 보고가 아닌 하나님의 사랑

으로 용서, 양보, 이해뿐 아니라 거기에 더하여 믿음의 친구, 사랑의 형제, 집안의 식구로 받아 달라는 간청인 것입니다.

하나님의 말씀, 성경의 말씀들은 모두 "사랑의 계산법"으로 교훈하십니다. 마 7:7~12, "구하고, 찾고, 두드리라~~ 악한 자라도 자식에게 좋은 것으로~~ 하물며 하늘에 계신 아버지께서 구하는 자에게 좋은 것으로 더해 주시지 않겠느냐", 눅 15:11~32, 돌아온 탕자에게 제일 좋은 옷, 가락지, 신발, 소 잡아 잔치…. 눅 6:38, "~후히 되어 누르고 흔들어 넘치도록 하여 너희에게 안겨 주리라~~", 마 5:38~42, 악한 자를 대적 마라, 오른편 빰 때리면 왼편까지, 속옷 달라 하면 겉옷까지, 오 리 가자 하면 십 리까지 가라. 마 18:21~22, 일곱 번을 일흔 번까지라도 용서, 눅 6:27~29, 원수를 사랑, 미워하는 자를 선대, 단 3장, 다니엘과 그 친구들의 말, "하나님께서 우리를 구해 주시지 않아도(그리 아니하실지라도) 우리는 우상 앞에 절을 못 합니다." 등등 성경의 교훈은 모두 다 하나님 사랑의 계산법으로 교훈하십니다. 그래서 우리는 이 귀한 사랑의 교훈으로 생활해야 하는데 만약 그렇지 못하면 사도바울은 아무 유익이 없다 하십니다. 고전 13:1~3, 방언, 천사의 말, 예언의 능력이 있어 비밀의 지식이 있고, 산을 옮길 만한 믿음, 내 모든 것으로 구제, 내 몸을 불사르는 데 내줘도 사랑이 없으면 소리 나는 구리, 울리는 꽹과리, 아무것도 유익이 없다 합니다. 그리고 사랑을 구체적으로 말합니다. "오래 참고, 온유하며, 시기하지 않고, 자랑하지 않고, 교만하지 않고, 무례히 행치 않고, 진리와 함께 기뻐하고……. 모든 것을 참고, 모든 것을 믿고, 모든 것을 바라고, 모든 것을 견디느니라"

우리 성도들의 참가치는 이타주의 "자기보다 남을 낫게 여기는 것이요(빌 2:3), 겸손, 자기를 낮추고 죽기까지 복종하는 것(빌 2:8)"입니다. 이를 실천해 살아가는데 여기에 차원을 더 높여 실천해 생활하는 것입니다.

더해 주는 사랑에는 상대방을 관심, 존경, 포용, 이해, 배려 등을 하는 베풂입니다. 이렇게 사랑이 충만한 자는 표정이 밝습니다. 혈색이 다릅니다. 눈동자, 말씨, 손짓, 몸짓이 다릅니다. 우리는 여한 없이 사랑의 계산법으로 삽시다. 아이들의 동화, 〈의 좋은 형제〉 이야기가 생각납니다. 추수한 볏단을 메고 형은 동생의 볏단 있는 곳으로, 아우는 형의 볏단 있는 곳으로 갑니다. 형은 동생에게, 동생은 형에게, 서로 더해 주기 위해서입니다. 그런데 중간쯤에서 서로 만나 형이요 동생인 것을 확인하고 감격의 포옹을 하고 대성통곡을 합니다. 이 모습이 사랑의 계산법의 현장인 것입니다.

사랑의 계산법은 바로 "더해 주는 것입니다."

나는 누구일까?

거울 앞에 선 나의 모습을 보며,

"넌 누구니??" "나?? 글쎄……."

나의 모습이 다른 분들의 거울이라는데……. 봉사를 한다면서 나는 무엇을 심었나 생각해 본다. 분명 심기는 심었을 것인데 어떤 싹들이 났을까?

이런 노래가 있다.

♬ 씨, 씨, 씨를 뿌리고 꼭 꼭 물을 주었죠
하룻밤, 이틀 밤, 쉿 쉿 쉿
뽀드득 뽀드득 뽀드득 싹이 났어요 ♬

나는 정말 사랑의 씨를 심었나? 그리고 사랑의 열매가 맺어지고 있나? 사랑이라야 사랑을 낳는데……. 사랑만이 얼음 같은 마음도 굳은 마음도 녹이는 힘이라는데 나는 사랑의 씨를 잘 심었을까 생각해 본다.

구미는 20여 년 전부터 호스피스 교육을 많이 보급하여 호스피스에 관심을 두고 협조하는 분들이 많이 있다. 지난 명절에는 삼성에서 후원하신 물품들을 여러 환우의 가정에 필요한 대로 골고루 나누는 일을 도와드렸다.

"언제든지 필요하면 불러 주세요. 그리고 안 아프시게 도와드릴게요."라고 말씀하시는 팀장님을 보며 환우들은 너무 좋아하셨다. 나는 팀장님과 함께 환우들을 방문하면서 자원봉사하는 봉사자들의 사랑에 감동하기도 하고, 많은 것을 느끼며 배울 수 있었다.

봉사란 진정한 어머니의 마음이며 순수한 아름다운 마음임을 느낄 수 있었다. (환우들을 대할 때 그들을 아끼고 편안하도록 애쓰며, 엄마가 아이를 대하듯 그들이 원하시는 것을 제공하도록 노력하시는 모습을 보며~~)

얼마 전에는 구미에서 처음으로 만난 폐암 조선족 환우분이 한국에 있는 딸 집에서 요양 중이셨는데 찾아가 뵙고 기도도 해 드리고 임종하신 후 팀장님과 목사님이 함께 방문해서 위로했더니 보호자가 고맙다고 식사를 대접해 주신 일도 있었다. 이렇게 외로운 분들의 따뜻한 이웃이 될 수 있어 기쁘고 보람을 느낀다. 내가 할 수 있는 건 많지 않지만 조금씩 사랑의 씨앗을 뿌리고 있으니 때가 되면 사랑의 열매가 열리지 않을까?

아름다운 사랑의 열매가 열리는 나의 모습을 기대해 본다….

덤의 행복

소크라테스가 '너 자신을 알라'라고 한 것처럼 자신을 안다는 것은 참으로 어려운 것 같다.

나는 종종 나와 대화를 해 본다.

"너 왜 그러니??" "글쎄 말이야…."

마음과 행동이 너무나도 다르게 생각되고 생활할 때가 많은 것 같다. 청개구리처럼 "하라." 하면 괜스레 더 하기가 싫어지고 한다.

'나는 내 것인데 내 맘대로 하면 안 되나?'

'말도 행동도 게으름도 피우고 말이야~~~' 하다가도,

'애 좀 생각하며 살라구~~~' 하고 꾸짖어 본다. 할 일과 하지 말아야 할 것도 모르지 않으면서 말이다….

'좀 교양미, 자제력, 지성미, 품위를 좀 갖춰 보라고~~~'

나는 자신이 하는 일에도 용납할 수가 없을 때가 많았다. 그런데 이곳에 오면서 많은 것(취미 생활)을 배우다가 '봉사'라는 나눔의 행복을 접하게 되었고 또 나를 찾는 기회를 얻게 되었다. 비록 작지만, 봉사를 통해 나의 삶을 더욱 풍요롭게 하고 원동력이 됨을 발견하면서 '봉사'라는 것은 타인을 위한 것이 아니라 나를 위한 것이라는 사실을 알게 되었다.

봉사는 나로 하여금 생명력, 생동력, 활력의 원천이 되었으며 샘에서 샘물은 자꾸 퍼내야 좋은 물이 나오는 것처럼 나눔의 삶을 살다 보니 저절로 행복이란 선물도 받게 됨을 알게 되었다. 뭐 하나라도 더 배우고 익히는 데 힘을 쓰게 되었고 하나를 배우면 또 하나를, 두 개를 배우면 두 개를 섬길 기회를 얻으며 배우는 즐거움과 섬기는 즐거움을 동시에 얻는 갑절의 기쁨을 얻게 되었다. 이 비밀을 모르는 사람들은 나를 보며 "웃는 모습이 정말 보기가 좋아요, 생기가 넘쳐요." 하는데 이제는 알겠지요??

나는 (대구) 동산병원에서 호스피스봉사자 교육을 받고 그루터기(호스피스 봉사회) 회원이 되었지만 별로 한 일이 없어서 죄송하고 부끄러웠다. 그러다가 보건소에서 운영하는 재가 암 환자 자조 교실을 봉사하면서 많은 것을 배우게 되었고 거기로부터 얻는 보람은 나를 더욱 성장하게 하였다. 암 환자 자조 교실에는 지난날 막살아온 잘못된 삶을 후회하며 괴로워하던 분들이 자조 교실을 통해 규모 있는 생활을 배우며 원망, 불평, 아집, 고집, 욕심을 버리고 남은 날들을 의미 있게 보내려 결심하는 분들이 많다는 이야기를 들었다. 어떤 환우 분은 '약보다 사랑을 듬뿍 안고 찾아오는 것이 나를 더 행복하게 했고 치유가 되게 했다'라는 말씀을 하셨다. 몸은 아프지만, 봉사자들을 통해 '덤의 행복'을 누린다는 환우들을 보며 건강할 때 건강을 지키고 남은 나의 삶을 더욱 보람차게, 나를 필요로 하는 곳에 '아낌없이 봉사하자!!!'고 외쳐 본다.

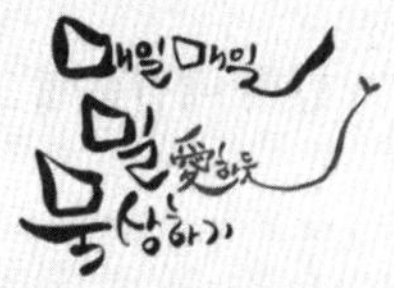
매일매일
愛하듯
묵상하기

| 감사의 글 |

먼저 물심양면으로 묵상집이 나오도록 후원해 주신 부모님(손석춘 목사, 문순려 사모)께 감사를 드립니다.

동생의 부족한 묵상을 귀히 여기고 원고를 살피며 격려해 준 언니(손주혜 집사)와 재능기부로 표지 글씨를 써 준 동역자 최경아 집사님, 첫 교정을 도와준 박희진 집사님과 예쁜 책을 만들어 주신 좋은땅 출판사에도 감사를 표합니다.

묵상의 길을 열어 준 은혜의 공동체 부산 수영로교회(특히 제자훈련)와 책으로 발간되기까지 마음을 써 주신 스승님(남덕현 목사, 現수원 한사랑교회 담임)께도 감사의 마음을 전합니다.

또한, 이 책을 위해 함께 기도해 주신 동역자들, 그리고 늘 우리 가족을 위해 헌신하며 희생하는 남편 권승언 집사와 엄마의 묵상을 '멋있다' 말해 주는 세 딸(희, 희수, 희주)에게도 사랑을 전합니다.

무엇보다 나를 지으시고 나를 사랑하시며 나와 교제하기 위해 다가오시는 사랑의 주님께 모든 감사와 영광과 찬양을 올립니다.

마지막으로 부족한 글을 읽어 주신 모든 분께 감사를 드리며~

함께 매밀묵에 도전합시다!!!